ESSAI

SUR L'ART DE VÉRIFIER LES DATES.

Rennes, A. Morteville et Lefas.

ESSAI

SUR

L'ART DE VÉRIFIER LES DATES

DES

CALENDRIERS JULIEN ET GRÉGORIEN

Par E. MORIN

Docteur ès-lettres

Professeur suppléant d'histoire à la Faculté des lettres de Rennes.

PARIS

DESOBRY, MAGDELEINE et C.ie, libraires, rue des Maçons-Sorbonne, 1.

———

RENNES

VANNIER, éditeur, ancienne maison Vatar, place du Palais, 10.

———

1850.

INTRODUCTION.

On trouvera dans ce volume toutes les notions nécessaires à la solution d'un certain ordre de problèmes de la chronologie historique, dates des chartes et des diplômes, vérification des époques remarquables.

Nous proposons ici une méthode simple du calcul du temps qui permet de trouver pour une année quelconque, depuis le commencement de l'ère vulgaire, et tant que durera l'usage du calendrier Grégorien, 1° le premier jour de janvier, 2° le jour de la semaine correspondant à un quantième de mois, 3° l'épacte, 4° la nouvelle et la pleine lune de chaque mois, 5° le jour de Pâques. Cette méthode substitue un calcul facile aux complications de l'emploi simultané des calendriers lunaire, solaire, perpétuel : elle contrôle les résultats fournis par les tables qui ont été dressées jusqu'à ce jour ; elle dispense même d'y recourir.

On lit dans la dissertation placée en tête de l'*Art de vérifier les Dates*, p. xxxviii, col. i, de l'édition de 1783 : « Notre ouvrage sera très-utile : 1° Pour corriger plusieurs dates visiblement fausses, sans crainte de se tromper en les corrigeant ; 2° pour empêcher les copistes qui seront en état de se servir de notre table, d'en commettre de nouvelles en écrivant une date pour une autre, lorsqu'ils auront de la peine à lire les chiffres qui marquent les dates dans les actes originaux ; 3° pour fixer l'année, le mois et le jour de certaines chartes datées d'une manière qui paraît si vague qu'il n'est point possible d'en marquer le temps au juste sans le secours de notre table chronologique et de nos calendriers lunaire et solaire, qui en sont une dépendance, ou sans une connaissance équivalente qui ne se trouve dans aucun livre ni ancien ni moderne. »

Le travail que nous publions rendra le même service aux personnes qui ont besoin de déchiffrer les dates des monuments écrits au moyen-âge. Il contient ce qu'il faut absolument savoir de l'ancien comput, mécanisme ingénieux et compliqué, encore suivi dans l'Église, et qui, antérieurement à la réforme de Grégoire XIII, constituait à lui seul toute la science chronologique. Indiction, nombre d'or, lettre dominicale, anciennes et nouvelles épactes, terme pascal, cycles lunaire et solaire, cycle de dix-neuf ans, embolisme, lune pleine et lune cave, réguliers lunaires, concurrents, toutes ces notes chronologiques sont employées par les computistes ; les textes originaux de l'histoire ecclésiastique, les chartes et les diplômes en offrent des exemples très-fréquents. On doit donc étudier ce détail, sous peine de ne rien comprendre à la méthode de nos ancêtres pour fixer l'ordre successif des évènements.

Les divers calculs dont nous présentons les types nous paraissent clairs et faciles : cependant nous ne nous dissimulons pas que dans la pratique on aimera toujours mieux un compte fait qu'un compte à faire, si simple qu'il soit. Mais qu'on y prenne garde : ces belles tables, où un art patient et soigneux a symétriquement disposé

par colonnes et rangé sur la même ligne, d'après
la concordance des temps, les cycles, les ères et
toutes les notes chronologiques du vieux comput,
renferment bien des fautes d'impression, bien des
erreurs de calcul. Nous en citerons des preuves
surabondantes. Les Bénédictins eux-mêmes se
sont trompés, selon nous, dans les trois premiers
siècles de l'ère chrétienne, et sur le terme pascal
qu'ils diminuent d'une unité, et sur un certain
nombre de Pâques qu'ils placent huit jours trop
tôt, si l'on s'en rapporte, comme ils ne man-
quent point de le faire, aux conditions de cette
fête telles qu'elles ont été arrêtées au premier
concile de Nicée. D'ailleurs, une table, quand elle
dit vrai, n'apprend pas pourquoi ni comment
l'historien dont on vérifie les dates s'est trompé,
et il est toujours bon de se rendre compte des différences dans le calcul du temps entre peuples
qui suivaient le même calendrier. Ces observations, que l'on pourrait développer, justifient
assez bien, ce nous semble, notre prétention à
remplacer dans l'usage commun les tables chro-

nologiques par un système de recherche méthodique et raisonné.

Quoi qu'il en soit, nous offrons au public un manuel utile à ceux qui n'ont pas le grand ouvrage des Bénédictins sur l'*Art de vérifier les Dates*, et un moyen de contrôle pour ceux qui l'emploient. Ajoutons que notre travail n'est pas uniquement destiné aux érudits. Avec les formules que nous employons, on peut trouver sans peine et de mémoire à quel jour de la semaine répond, par exemple, le 20 juillet 1850, quand arrivera la nouvelle ou la pleine lune du mois d'août, quel jour le 1er janvier 1852. Telle est la valeur pratique de ces formules que nous n'avons point faites, et dont notre beau-père, M. De-Closets, ingénieur en chef des ponts-et-chaussées, a donné la démonstration. Si l'on veut s'en servir en les supposant exactes, on se dispensera de lire les explications qui les accompagnent.

Ces formules nous ont été d'un grand secours, et peuvent être appliquées, par delà la réforme Grégorienne, aux dates de l'ancien calendrier.

Grâce aux simplifications qu'elles introduisent dans le calcul, nous avons abordé avec confiance une série d'opérations assez délicates, corrigé plus d'une erreur, et même remonté l'échelle du temps, antérieurement au calendrier Julien, jusqu'à l'établissement des Néoménies métoniennes, 432 ans avant J.-C. C'est au lecteur de juger si nous avons réussi.

NOTIONS PRÉLIMINAIRES.

Dans le calendrier des Romains, dont le nôtre est dérivé, l'année, au temps de Romulus, était lunaire et divisée en dix mois, dont le premier était mars. Elle n'avait que 304 jours, savoir : quatre mois de 31 jours, et six mois de 30 jours. Numa ajouta deux mois et un jour à l'année lunaire des Romains, et la fit de 355 jours. Les mois étaient alors de 29 et de 31 jours, février en comptait 28 : et, au moyen d'une intercalation, l'hiver devait toujours commencer au mois de janvier. Mais, au temps de Jules César, soit que l'on eût omis plusieurs intercalations, soit que le calcul alors en usage pour déterminer la durée de cette année lunaire eût été fautif, les équinoxes différaient de 67 jours. Alors ce dictateur, qui était en même temps

Grand Pontife, désirant réformer cette erreur, après avoir consulté l'astronome Sosigène, abandonna l'année lunaire pour suivre l'année solaire ; et il ordonna, l'an 45 avant l'ère vulgaire : 1° d'ajouter 90 jours à l'année courante ; 2° que désormais l'année se composerait de 365 jours ; 3° et qu'au bout de quatre ans, on ajouterait un jour de plus à cette quatrième année, afin de tenir compte des six heures négligées pendant quatre ans. Cette quatrième année est appelée bissextile, et les autres années sont communes. Voilà ce qu'on appelle le calendrier Julien : il a été en usage jusqu'en 1582.

Mais la durée de l'année, fixée par Jules César à 365 j. 1/4, était trop longue de 11' 14" 51''', ou de 11' 9", suivant un autre calcul ; et, au temps de Grégoire XIII (en 1582, dont le 1er janvier était lundi (Julien) vendredi (Grégorien), les équinoxes avaient remonté vers le commencement du mois, au point que l'équinoxe du printemps se rencontrait le 11 mars, au lieu de se trouver au 21 de ce mois, jour où le premier concile de Nicée, tenu en 325, l'avait fixé à l'occasion de la célébration de la fête de Pâques. Le pape, voulant remédier à ce dérangement, qui augmentait de plus en plus, publia, le 24 février 1581, une bulle, dans laquelle il prescrivit de retrancher de l'année 1582 les dix jours d'erreur produits par l'excès accumulé des 11 minutes de l'année Julienne sur l'année solaire, et alors de compter le 15 octobre lorsqu'on serait arrivé au 5. Et, pour prévenir de semblables erreurs, il arrêta, d'après les calculs des mathématiciens et des astronomes dont il s'était entouré, que, dans l'espace de 400 ans, on retrancherait trois bissextes, c'est-à-dire que les années séculaires 1700, 1800 et 1900 ne seraient point bissextiles, quoique divisibles par 4. Car les années bissextiles, celles où il y a un jour de plus, reviennent de quatre ans en quatre ans, sauf les exceptions ci-dessus; et, par conséquent, l'on reconnaît qu'une année est bissextile, quand le nombre qui l'exprime est divisible par quatre sans reste.

1600	1700	1800	1900	2000
bissextile 1ᵉʳ janvier, samedi = 6 lettres dominic. B.A.=1	commune vendredi=5 C. = 3	commune mercredi=3 E. = 5.	commune lundi = 1 G.=7=0	bissextile samedi =6 B.A. = 1

Ainsi de suite, et toujours de même ; ce qui donne pour le 1ᵉʳ janvier les quatre chiffres 6, 5, 3, 1.

Cependant cette rectification du pape Grégoire XIII n'est point parfaitement exacte ; il reste encore une différence en plus qui produira un jour après plusieurs milliers d'années. On corrigera cet excès par la réduction d'une année séculaire bissextile à une annnée commune.

Tel est le calendrier Grégorien. L'usage de ce calendrier a été consacré en France par un décret du 3 novembre 1582, rendu sous Henri III, et il est suivi par les autres nations.

Il n'y a que les Russes qui aient conservé l'année Julienne, laquelle commence maintenant (au XIXᵉ siècle) douze jours après la nôtre ; savoir, dix jours de l'année Grégorienne, et deux jours pour les bissextes de 1700 et de 1800 qu'ils n'ont point supprimés.

§ 1ᵉʳ.

Premier jour de Janvier (1).

L'année solaire commune, dans le calendrier Grégorien que nous suivons maintenant, est composée de 365 jours, et la semaine de 7 jours. Si l'année n'était composée que de 52 semaines, le 1ᵉʳ janvier pour toutes les années serait le même jour de la semaine; mais comme il y a un ou deux jours de plus, il arrive que le 1ᵉʳ janvier de l'année suivante est d'un ou de deux jours plus avancé dans la semaine que le premier jour de l'année précédente. D'après cette remarque, connaissant le 1ᵉʳ janvier d'une année quelconque, il est facile d'avoir le premier janvier de toute autre année postérieure, puisqu'il suffit d'ajouter à ce premier janvier de l'année connue autant de jours qu'il y a d'années écoulées, plus autant de jours en sus qu'il y aura de périodes de quatre ans écoulées, les années bissextiles ayant un jour de plus que les années communes.

Ainsi, connaissant le 1er janvier de l'année 1831 qui est un samedi = 6, si l'on veut avoir le 1er janvier de l'année 1836, on voit qu'il y a 5 ans écoulés entre 1831 et 1856 : il faut donc

au jour de l'an de 1831 =. 6

Ajouter le nombre d'années écoulées. . . 5

Plus une unité pour une période de 4 ans. 1

Total 12

Supprimer toutes les semaines ou les mul-

tiples de. 7

5

Il reste 5 = vendredi. Ainsi le 1er jour de janvier de l'année 1836 est un vendredi.

On peut prendre une toute autre année pour point de départ ; par exemple, 1700, dont le 1er janvier est vendredi=5. 1700

Alors, année demandée 1836

Différence . . . 136

Ajoutez le 1/4 pour le

nombre des périodes de

4 ans   34

Ajoutez encore le 1er

janvier de 1700   5

      Total . . . 175

Mais il faut observer que, d'après la règle du calendrier Grégorien , les années 1700 et 1800 n'ont pas été bissextiles; il faut donc retrancher 2 unités.   2

      Reste . . . 173

Supprimez les multiples de 7 . . . .   24+5=vendredi.

Donc, le 1er janvier de l'an 1836 est un vendredi.

D'après ces deux exemples qu'il est inutile de multiplier, on voit aisément que la simplicité du calcul tient au choix de l'année prise pour point de départ, attendu qu'il faut tenir compte du premier jour de janvier de cette année, et ensuite faire attention au nombre de bissextes supprimés. D'après cette observation et d'autres raisons trop longues à déduire ici, M. DeClosets a trouvé et démontré (2) que, depuis la réformation grégorienne, les années séculaires à prendre pour point de départ sont :

1647	1743	1809	1905
dimanche	dimanche	dimanche	dimanche

2017	2113	2209	2305
dimanche	dimanche	dimanche	dimanche

et ainsi de suite, de siècle en siècle, en répétant les mêmes chiffres.

Ces années sont choisies avec intention :

1° Parce que chacune d'elles vient immédiatement après une bissextile, et que le jour bissextil, par conséquent, se trouve à la quatrième année suivante ;

2° Parce que chacune de ces années commence par un dimanche qui est 7 ou zéro, et qu'il n'y a rien à ajouter pour ce premier jour de l'an.

Ces années, comme on peut le remarquer, pour toutes les périodes de quatre siècles, don-

nent les nombres 17 , 13 , 9 , 5 , formule très-
simple et qui est une progression arithmétique
ou équidifférente, dont le nombre des termes
est 4, la différence 4, et la somme 44.

Appliquons la formule séculaire pour trouver
le 1er janvier de l'année 1836 , que nous avons
trouvé plus haut être vendredi = 5.

Des deux derniers chiffres du
   millésime. 36
Retranchez le nombre de la
   formule du xixe siècle. . . 9

       Restera. . . . 27
Ajoutez le 1/4. 6

       Total. 33
En supprimant les multiples
de 7 28

     Il restera . . . 5 = Vendredi.

Ainsi, nous trouvons, comme ci-dessus, ven-
dredi pour le 1er janvier de l'année 1836 , mais
par une méthode bien plus simple. L'opération
est si facile qu'elle peut se faire de mémoire.

1ᵉʳ janvier avant la réforme grégorienne. — La formule séculaire, pour trouver le 1ᵉʳ janvier, ne peut convenir qu'à partir de la réformation grégorienne. Pour trouver ce premier jour de l'année avant 1583, il faut seulement soustraire une unité du millésime total, ajouter au reste son quart, en retrancher une unité, et ensuite ôter les semaines complètes.

Cherchons le 1ᵉʳ janvier de l'an-

née 742

Retranchez une unité.   1

Reste 741

Ajoutez le quart du reste . . . 185

Total 926

Supprimez les multiples de 7. . 924

Reste   2

Supprimez une unité pour l'an

1ᵉʳ de l'ère vulgaire.   1

1 = Lundi.

L'an 1ᵉʳ de l'ère vulgaire commence par un

samedi $= 6 = 7 - 1$. Or, c'est la même chose, ou d'ajouter 6, ou de retrancher 1.

Le 1er janvier de l'an 742 est donc un lundi. Pour trouver les quantièmes des mois avant la réforme, on fait usage de la formule des mois que nous allons donner, et qui exige seulement la connaissance du 1er janvier.

§ 2.

Quantième du Mois.

Lorsqu'on connaît le premier jour d'un mois, il est facile d'avoir les jours des autres quantièmes de ce mois , puisque ce premier jour revient tous les sept jours. Il faut donc, après la soustraction de tous les multiples de 7 augmentés d'une unité, ajouter au reste le premier jour de ce mois. Soit, par exemple, à trouver le jour de la semaine pour le 25 d'un mois dont le premier est un mercredi $= 3$. Retranchez , à partir du premier, toutes les semaines complètes, ou les multiples de $7 + 1$, qui se trouvent jusqu'au jour demandé. 25

Trois semaines plus un donnent   22

————————

Reste   3

Ajoutez le 1ᵉʳ du mois qui est un

mercredi 3

————————

6 = samedi.

Ainsi, le 25 du mois cherché sera un samedi.

Au lieu de compter après le premier du mois, il vaut mieux comprendre ce premier jour dans les multiples de 7, et diminuer d'une unité le chiffre qui indique le quantième de la semaine de ce premier jour, ce qui revient au même, mais le calcul sera simplifié. Ainsi, pour l'exemple ci-dessus, du jour cherché 25

Supprimez les multiples de 7 . . 21

————————

Reste . . . 4

Ajoutez le chiffre du premier du

mois diminué d'une unité. . . 2

————————

6 = samedi.

Le problème est donc réduit à connaitre le

premier jour de chaque mois pour une année demandée.

Or, il faut observer que, si chaque mois n'avait que 28 jours, qui forment quatre semaines complètes, tous les premiers jours de chaque mois seraient le même jour de la semaine que le 1ᵉʳ janvier; mais, comme les mois ont 30 et 31 jours, ce qui donne deux ou trois jours de plus que quatre semaines, il faut alors, au premier d'un mois donné, ajouter deux ou trois jours pour avoir le premier du mois suivant.

Par exemple, le mois de janvier a 31 jours, c'est-à-dire quatre semaines plus trois jours : donc, le premier février sera égal au premier janvier, augmenté de trois jours. Le premier janvier de l'an 1849 était un lundi $= 1$: Ajoutez trois jours, vous aurez le 1ᵉʳ février $= 4 =$ jeudi. Le mois de février n'ayant que 28 jours, ou quatre semaines, le 1ᵉʳ mars, comme le 1ᵉʳ février, sera un jeudi, et ainsi de suite pour les autres mois.

Cherchons le 1ᵉʳ mai de l'an 1856.

Le 1er janvier de 1836 est. . .   5

Ajoutez pour le mois de janvier   3

      pour février.   0

      pour mars   3

      pour avril.   2

           Total. . . . 13

Comme cette année était bissextile, il faut ajouter une unité, puisque février a 29 jours.   1

       Somme totale . . 14 = dimanche.

Donc le 1er mai de l'an 1836 est un dimanche. En opérant ainsi, on trouverait tous les
autres mois.

C'est par ce moyen qu'on est arrivé à la formule
des mois, en effectuant toutes les additions par-
tielles, et en supprimant les semaines complètes.

Formule des mois.

Février et Mars.	Avril.	Mai.	Juin.	Juillet.
2	5	0	3	5

Août.	Septembre.	Octobre.	Novemb.	Décemb.	Janv.
1	4	6	2	4	6

Quand l'année est bissextile, il faut ajouter une unité à partir de mars. Ces nombres sont très-faciles à retenir. Le mois de mai est 0 (2. 5.) (3. 5.) (1. 4. 6.) (2. 4. 6.)

Cette formule des mois vient de la formule générale des nombres à ajouter au jour de l'an, pour avoir le 1er de chaque mois.

Soit à trouver le quantième de la semaine, le. . . . . 25 nov. 1849.

Ajoutez le jour de l'an, lundi   1
Ajoutez la formule du mois .   2
————
28
Supprimez les multiples de 7. . 28
————
Reste. . .   0 = 7 = dim.,

ce qui indique que le 25 novembre de l'année 1849 est un dimanche.

1er *Exemple.* — On lit dans l'apologie de l'empereur d'Allemagne, Henri iv, par Vénéricus de Verceil :

Ubi tunc dimicatum est in ipsa nativitatis Domini vigilia, quæ tunc obvenerat die dominica, quando terminum accepit annus ab incarnatione Domini 1088.

Ce texte est cité par Ducange au mot *annus,* pour montrer que les chroniqueurs commençaient souvent l'année à Noël. Cherchons si la veille de Noël tombe en effet un dimanche, en 1088. On sait que cette fête est fixée au 25 décembre :

$$1^{er} \text{ janvier de } 1088$$
$$-1$$
$$\overline{1087}$$

$$^{1}/_{4} \text{ p. les bissextiles } \quad 271$$

$$\begin{array}{c|c} 1358 & 7 \\ \hline 65 & 194 \\ 28 & \\ 0 = 7 & \end{array}$$

$$7 - 1 = 6 \text{ samedi.}$$

Le 1er janvier 1088 est un samedi.

Au jour cherché 24 déc., veille de Noël,

j'ajoute formule du mois   4

    1er jour de l'an.   6

    bissexte.   1

$$35 = 7 \times 5 = 7.$$

Le 24 décembre 1088, veille de Noël, est donc tombé un dimanche, ce qu'il fallait vérifier.

2e *Exemple.* — Le cardinal de Richelieu est mort le 4 décembre 1642. On a besoin de savoir le jour de la semaine correspondant à ce quantième. Je cherche d'abord le 1er jour de l'an :

Formule séculaire.

De l'an. 1642

Otez la formule séculaire .   17

        Reste. . . .   25

Ajoutez $^1/_4$.   6

        Total. . . .   31

Multiples de 7   28

        Reste. . . .   3 = mercredi

pour le premier jour de l'an 1642.

Formule des mois.

Au jour demandé . . . . 4 décembre.

Ajoutez le 1er janvier 3

Formule du mois. 4

      Total. 11

Multiples de 7 7

       Reste. . . . . 4 = jeudi.

Ce qui indique que le cardinal est mort un jeudi 4 décembre.

§ 3.

Epacte.

On sait que l'épacte qu'on assigne à chaque année dans le calendrier Grégorien est le nombre qui indique l'âge de la lune au commencement de cette année. Il suit de là que si la nouvelle lune arrive le 1er janvier, l'épacte sera zéro cette année-là ; mais l'année suivante l'épacte sera XI, parce que l'année lunaire n'est que de 354 jours, et l'année solaire de 365, ou 11 jours de plus ;

ce qui fait que la nouvelle lune étant arrivée au 20 décembre, la lune aura 11 jours de plus le 1er janvier de l'année suivante. De même, l'année d'après, l'épacte sera XXII. L'année d'ensuite elle sera XXXIII, mais on ôte 30 jours pour former un mois, et cette épacte se réduit à III ; et l'on continue ainsi pendant 19 ans, pour recommencer le même ordre toujours multiple de 11.

Le cycle lunaire est donc une période de 19 ans, au bout de laquelle les nouvelles lunes sont censées revenir au même jour du mois. Cette période fut, dit-on, trouvée par l'athénien Méton. On appela ce cycle nombre d'or, parce qu'il fut regardé comme une découverte si belle, qu'on en gravait le calcul en lettres d'or.

Les épactes d'années suivent donc l'ordre naturel des multiples de 11, en retranchant toujours 30 quand le multiple surpasse ce chiffre ; elles forment le tableau suivant :

Nombre d'or. . .	1	2	3	4	5	6	7	8	9	10	11	12	13	14	15	16	17	18	19	1
Épactes	0	11	22	3	14	25	6	17	28	9	20	1	12	23	4	15	26	7	18	30
Ordre des épactes.	—	1	2	3	4	5	6	7	8	9	10	11	12	13	14	15	16	17	18	19

On met 30 au lieu de 29 à la 19ᵉ année, parce que l'épacte à la fin du cycle augmente de 12, puisque la dernière lune de la période lunaire, suivant la règle, n'a que 29 jours, et que par conséquent la nouvelle lune de l'année suivante arrive un jour plus tôt.

Cet ordre primitif et régulier des nombres d'or, que l'on peut appeler *ordre naturel des épactes*, indiquait assez bien les nouvelles et pleines lunes pendant les premiers siècles qui suivirent l'établissement du cycle de Méton, et l'on s'en est servi long-temps pour trouver les nouvelles lunes de chaque mois. Au moyen-âge, il est invariablement employé pour les dates d'un très-grand nombre de chartes et de diplômes ; et c'est pour cette raison que les Bénédictins lui ont donné une place à la dernière colonne de leur table chronologique, depuis l'an 1ᵉʳ de l'ère vulgaire jusqu'en l'année 1582 inclusivement. Mais il renferme une imperfection : c'est que le cycle lunaire de 19 ans diffère en moins des 19 années Juliennes de 1 h. ¹/₂ à peu près.

En effet, ce cycle comprend 235 lunaisons : savoir, 12 par chaque année, alternativement de 29 et de 30 jours. Or, 19 fois 12 donnent 228. Quant aux sept autres lunaisons, les six premières sont de 30 jours et la septième de 29.

Ensemble 115 lunes de 29 jours donnent 3335 j.

et 120   de 30 jours   3600

235 lunes.   6935 j.

19 années solaires de 365 jours donnent aussi . . . . 6935 j.

Mais comme l'année lunaire est exactement de. . . . . 354 j. 8 h. 48' 24"

Le mois lunaire sera donc de . . . . 29 j. 12 h. 44' 2"

Qui, multipliés par 235, donnent exactement 6939 j. 16 h. 27' 50"

19 années Juliennes de 365 j. ¼ donnent. . . 6939 j. 18 h. 0 0

Différence. . . 0 j. 1 h. 32' 10".

On sait que, lors de la réformation du calendrier par Jules César, en l'année 45 avant l'ère vulgaire, par suite de l'augmentation de 90 jours, la nouvelle lune arriva le premier jour de janvier, et que par conséquent l'épacte était zéro. Or, comme le nombre d'or de la première année Julienne était 14, il s'ensuit que l'ordre primitif et régulier des épactes était déjà interverti, puisque l'on avait :

Nombre d'or = 14 et l'épacte = 30 ou zéro.

Mais, d'après l'ordre naturel des épactes, au nombre d'or 14, devait répondre épacte = 23; il y avait donc une différence de 7, qu'il faut ajouter aux épactes de la suite naturelle. Par conséquent, nombre d'or = 1 donne épacte = 7, au lieu de zéro, qu'elle devait être suivant l'ancien système (a).

(a) C'est ce que rendra sensible le tableau suivant des épactes à l'époque de Jules César, tableau dressé, comme on peut le voir, par rapport à la correspondance de l'épacte = 0 au nombre d'or = 14.

N. d'or	Ep.	N. d'or	Ep.
1	7	11	27
2	18	12	8

A l'époque où Méton établit son cycle lunaire de 19 ans, la première année de la 87ᵉ Olympiade, c'est-à-dire en 432, la nouvelle lune arriva le 16 juillet. Quand la nouvelle lune est au 1ᵉʳ janvier, elle est aussi nouvelle le 27 juillet; par conséquent, l'épacte de 432 était xi, puisque, si du 27 juillet je retranche l'épacte xi, il restera 16, qui indique le jour de la nouvelle lune de juillet en 432; et, si l'on remonte de l'ère vulgaire jusqu'à l'an 432 avant Jésus-Christ, pour savoir quel nombre d'or répondait à cette année-là, on trouvera que le nombre d'or de l'année 432 était 7.

N. d'or	Ep.	N. d'or	Ep.
3—	29	13—	19
4—	10	14—	30 ou zéro.
5—	21	15—	11
6—	2	16—	22
7—	13	17—	3
8—	24	18—	14
9—	5	19—	25 ou 26, en ajou-
10—	16	1—	7 tant une unité,
			selon la règle
			des épactes.

Or, si de l'an 432 je retranche 20 fois 19 qui est

est égal à — 380

Il restera —— 52 qui aura aussi le N. d'or = 7.

Ainsi pour l'an 432 on avait N. O. = 7   E. = 11.

  Idem   52   N. O. = 7   E. = 11.

  Idem   45 on aura N. O. = 14   E. = 9.

Cependant la lune, en l'année 45, étant arrivée le 1ᵉʳ janvier, on aurait dû avoir E. = O. Mais il y a une observation à faire. Depuis l'an 432 jusqu'à l'an 45, il y a eu une équation lunaire = + 1, qu'il faut ajouter à l'épacte de l'année 45. Ensuite, l'année qui précéda l'institution du calendrier Julien fut composée de 445 jours. Si l'on en soustrait l'année commune de 365 jours, il y aura 80 jours d'augmentation pour cette année, ce qui forme 2 mois plus 20 jours. Il faut donc tenir compte de ces deux variations dans l'épacte de l'année 45, première année Julienne.

Or, d'après la règle de Méton, nous avons trouvé plus haut cette épacte =   9

 Ajoutez l'équation lunaire +   1

Ajoutez encore les 20 jours

d'augmentation —————   20

————

Total —   30

Ainsi l'épacte de l'an 45 avant l'ère vulgaire devait être 30 ou zéro, comme effectivement elle était ainsi (N. O. = 1 E. = 7) (N. O. = 14 E. = 0). L'année lunaire 46, que l'on prolongea de 90 jours jusqu'à la nouvelle lune, était appelée année de confusion.

Si l'on veut se servir de la règle de Méton, pour calculer les nouvelles lunes depuis la réforme Grégorienne, il y a deux défauts que l'on doit rectifier.

1° Le cycle lunaire de 19 ans, qui comprend 235 lunaisons, diffère en moins de 1 h. $^1/_2$ des 19 années Juliennes, ce qui donne un jour tous les 312 ans. Ce jour, qu'il faut ajouter au cycle lunaire au bout de 312 ans, est ce qu'on appelle *équation lunaire*. Pour tenir compte de cette équation, on est convenu que de trois siècles en trois siècles on ajouterait une unité aux épactes que donne le cycle, et qu'à la huitième fois on reporterait cette unité au siècle qui suit immédiatement, parce que ce n'est point de 300 ans en 300 ans, mais de 312 en 312 ans qu'il faut ajouter l'unité, et qu'alors douze ans répétés huit fois donnent 96 ou 100 ans.

2° D'après la réformation Grégorienne, on doit retrancher le bissexte des années séculaires dont les premiers chiffres ne sont pas divisibles par quatre, comme les années 1700, 1800, 1900, etc.... Ce bissexte retranché est ce qu'on appelle *équation solaire*. Ainsi, pour ces sortes de cycles, il faut retrancher un jour à l'épacte du cycle lunaire.

Dans les premiers siècles de l'ère vulgaire, au temps du concile de Nicée en 325, les nouvelles lunes ne répondant plus à l'ordre du calendrier Julien, on prit pour la première année du cycle lunaire celle où la nouvelle lune pascale tombait au 23 mars; ce qui donne N. O. $=1$ E. $=8$, parce qu'à cette époque (325), au nombre d'or qui était 3 répondait épacte $= 0$, puisque la nouvelle lune était arrivée au 1er janvier. C'est cet ordre des épactes qui a été suivi jusqu'à la réformation Grégorienne.

Effectivement, depuis l'an 45 avant l'ère vulgaire jusqu'à l'an 325 de cette ère, il y a eu une équation lunaire. Ainsi, il faut donc ajouter une unité aux épactes du temps de Jules César ; par conséquent,

les épactes du temps de Jules César — N. O. = 1   E. = 7

deviendront les épactes de Nicée — N. O. = 1   E. = 8.

Les Alexandrins se servirent de l'ordre des épactes adopté par le concile de Nicée. Les Romains au contraire mirent le nombre d'or = 1 au 1er janvier, avec l'épacte O, ce qui produisit de grandes différences dans le calcul de la fête de Pâques.

En effet, l'ordre des épactes était

Alexandrie — N. O. = 1   E. = 8.

Rome —— N. O. = 1   E. = 0.

Cependant on finit par revenir au comput des

Alexandrins, qui d'ailleurs concordait mieux avec la chronologie adoptée généralement, et avec les principales époques du Christianisme.

L'ordre des épactes, adopté par le concile de Nicée, a été suivi jusqu'en l'année 1582. Mais, lors de la réforme Grégorienne, on rectifia cet ordre des épactes, qui ne cadrait plus avec les nouvelles et pleines lunes; et, pour éviter par la suite les mêmes erreurs qui s'étaient plusieurs fois renouvelées, on convint de faire usage des équations lunaires et solaires, jusqu'alors négligées. On prit le vi^e siècle pour point de départ, à l'année 550, ainsi que l'avait établi Denys-le-Petit dans son comput pascal. Les nombres d'or indiquaient, pour ce siècle-là, les nouvelles lunes, comme au temps du concile de Nicée; c'est-à-dire que, pour le vi^e siècle, N. O.=1 E.=8 était l'ordre des épactes. Ensuite, tous les 300 ans, à partir du vi^e siècle, on aurait dû tenir compte de l'équation lunaire jusqu'en 1582, et ensuite, à partir de la réforme Grégorienne, tenir compte encore de l'équation solaire. Voici donc l'ordre des épactes qui aurait dû avoir lieu pour les premiers siècles de l'ère vulgaire :

ORDRE DES ÉPACTES.

Depuis l'an Ier jus- qu'au temps du concile de Nicée.	Nombre d'or = 1	Epacte = 7
	Nombre d'or = 2	Epacte = 18
Du temps du con- cile de Nicée, et même jusqu'en 800.	Nombre d'or = 1	Epacte = 8 Equat. lun. +1
	Nombre d'or = 2	Epacte = 19

En l'année 550, les nouvelles lunes vraies arrivaient environ 16 heures plus tard qu'au temps du concile de Nicée, et l'on prit cependant l'ordre des épactes du IVe siècle, parce qu'on voulait être sûr de célébrer Pâques après la pleine lune vraie, pour ne point se rencontrer avec les Juifs.

Depuis 800 jus- qu'à 1100.	Nombre d'or = 1	Epacte = 9 Equat. lun. +1
	Nombre d'or = 2	Epacte = 20

Depuis 1100 jus-qu'à 1400.	Nombre d'or = 1	Epacte = 10
		Equat. lun. + 1
	Nombre d'or = 2	Epacte = 21
Depuis 1400 jus-ques et y compris 1582.	Nombre d'or = 1	Epacte = 11
		Equat. lun. + 1
	Nombre d'or = 2	Epacte = 22

L'ordre des épactes ci-dessus du xve siè-cle a duré jusqu'en 1582. Mais, à cette époque de la réformation du calendrier Julien par Grégoire XIII, on retrancha 10 jours de l'année 1582; et par consé-quent la nouvelle lune de l'année sui-vante 1583 arriva 10 jours plus tard. Il a donc fallu diminuer de 10 unités les épactes du xve siècle. Ainsi, en ôtant 10 de 11, reste 1, et l'on aura :

L'ordre des épactes, depuis 1583 jus-qu'à 1700.	Nombre d'or = 1	Epacte = 1
	Nombre d'or = 2	Epacte = 12

En 1600 année bissextile, il n'y a eu ni équation solaire, ni équation lunaire.

<table>
<tr><td rowspan="2">Depuis 1700 jus-
qu'à 1900.</td><td>Nombre d'or = 1</td><td>Epacte = O
Equat. sol.—1
à cause du bis-
sexte de 1700 sup-
primé.</td></tr>
<tr><td>Nombre d'or = 2</td><td>Epacte = 11</td></tr>
</table>

En 1800, il y a eu une équation solaire—1 et une équation lunaire+1, qui
se détruisent. On a reporté en 1800 l'é-
quation lunaire, qui devait avoir lieu en
1750, parce que, comme il restait 12 ans
sur les 312 que demande cette équation,
ces 12 ans, ayant été omis quatre fois depuis l'année 550, donnent à peu près
50 ans, qui, avec 1750, forment 1800.

<table>
<tr><td rowspan="2">Depuis 1900 jus-
qu'à 2200.</td><td>Nombre d'or = 1</td><td>Epacte = 29
Equat. sol.—1</td></tr>
<tr><td>Nombre d'or = 2</td><td>Epacte = 10</td></tr>
</table>

En l'année 2000 bissextile, il n'y aura
ni équation solaire, ni équation lunaire.
En 2100, on a équation solaire — 1, et
équation lunaire + 1 qui se détruisent.

<table>
<tr><td rowspan="2">Depuis 2200 jus-
qu'à 2300.</td><td>Nombre d'or = 1</td><td>Epacte = 28
Equat. sol.—1</td></tr>
<tr><td>Nombre d'or = 2</td><td>Epacte = 9</td></tr>
</table>

Depuis 2300 jusqu'à 2400.	Nombre d'or = 1	Epacte = 27
		Equat. sol. — 1
	Nombre d'or = 2	Epacte = 8

| Depuis 2400 jusqu'à 2500. | Nombre d'or = 1 | Epacte = 28 |
| | Nombre d'or = 2 | Epacte = 9 |

Ainsi de suite pour les siècles à venir, en faisant attention aux années qui demandent soit une équation solaire, soit une équation lunaire.

Remarquez que les épactes de l'ordre naturel (Voyez le tableau, p. 26) servent pour le xviiie et le xixe siècle. Si l'on ajoute à ces épactes une unité, elles serviront depuis 1583 jusqu'à 1700; et si, au contraire, on les diminue d'une unité, elles pourront servir pour les xxe, xxie et xxiie siècles. En général, aux épactes de l'ordre naturel, il faut ajouter le chiffre de l'épacte qui répond au nombre d'or = 1 du siècle cherché, comme il est expliqué ci-dessus. Cette observation est faite pour faciliter de mémoire le calcul des épactes. Nous en donnerons plusieurs exemples.

Cependant, dans les premiers siècles de l'ère vulgaire, on n'a point suivi l'ordre des épactes que nous venons d'indiquer. Il y avait une grande différence entre la méthode des évêques d'Alexandrie et celle des évêques de Rome, et leurs Pâques différaient quelquefois de plusieurs jours. Voici l'ordre des épactes qu'il faut prendre pour calculer le jour de Pâques des premiers siècles de l'ère vulgaire, suivant la méthode des évêques d'Alexandrie, que Rome a fini par adopter.

Depuis le commencement de l'ère vulgaire jusqu'au concile de Nicée (325).	Nombre d'or = 1	Epacte = 7
Depuis le concile de Nicée jusqu'à la réformation Grégorienne en 1582.	Nombre d'or = 1	Epacte = 8
Depuis la réformation Grégorienne jusqu'à l'an 1700.	Nombre d'or = 1	Epacte = 1
Depuis 1700 jusqu'à 1900.	Nombre d'or = 1	Epacte = 0
Depuis 1900 jusqu'à 2200.	Nombre d'or = 1	Epacte = 29
Depuis 2200 jusqu'à 2300.	Nombre d'or = 1	Epacte = 28

§ 4.

Nouvelle et pleine lune de chaque mois.

Avec l'ordre des épactes ci-dessus pour chaque siècle, il est facile d'avoir dans chaque année les nouvelles et pleines lunes pascales.

Il faut cependant remarquer que les nouvelles lunes ecclésiastiques ne sont pas tout-à-fait d'accord avec les nouvelles lunes astronomiques. Le comput ecclésiastique est établi de manière à ce que les nouvelles lunes moyennes ne puissent jamais devancer les lunes vraies ; mais elles les suivent toujours, parce que le concile de Nicée a voulu que les nouvelles lunes du calendrier ecclésiastique retardassent sur les nouvelles lunes astronomiques, de peur que la fête de Pâques ne vînt à être célébrée avant le 14e jour de la lune pascale, contre l'intention de l'Eglise, et avant la nouvelle lune vraie, sur laquelle les Juifs se règlent pour la célébration de cette fête (3).

Cette observation faite, voyons comment on

2*

trouve la nouvelle lune de chaque mois. Il faut
pour cela du quantième de mars indiquant nouvelle lune, et que l'on connait par les formules
que nous avons données, retrancher autant d'u-
nités qu'il y a de mois écoulés depuis et compris
mars. Ainsi l'épacte de 1850 est 17 ; je retranche cette épacte du 31 mars. La nouvelle lune
en mars tombe donc le 14, et pour arriver à la
nouvelle lune, par exemple, du mois d'août,
comme il y a six mois de mars en août, je retranche 6 de 14, et le reste 8 indique la nouvelle lune pour le 8 août en 1850. En ajoutant
14, on arrive à la pleine lune le 22 août.

Le résultat obtenu, et qui est inexact, car
la nouvelle lune vraie en mars est arrivée le 13,
montre que cette manière de trouver la nouvelle lune ne peut être qu'approximative ; toutefois elle suffit pour les usages journaliers. On
trouvera qu'elle est d'une justesse parfaite, si on
l'applique aux calculs des anciens computistes.
Quand on veut plus d'exactitude, il faut recourir aux Ephémérides qui indiquent ces époques

d'une manière précise, et particulièrement à la *Connaissance des temps*, que publie annuellement le Bureau des longitudes. Citons encore les tables des sizygies écliptiques ou quelconques de M. C. L. Largeteau, tome XXII des Mémoires de l'Académie des sciences.

§ 5.

Jour de Pâques.

Maintenant nous avons toutes les données nécessaires pour trouver le quantième demandé d'une année quelconque de l'ère vulgaire, et pour calculer les épactes avant et après la réforme Grégorienne.

Appliquons nos formules à la recherche du jour de Pâques d'une de ces années, parce que, pour le trouver, il est nécessaire de connaître :

1° Le 1er jour de l'an ;

2° L'épacte ;

3° La nouvelle et la pleine lune pascale.

Les conditions de cette fête, d'après le 1er concile de Nicée (4), sont :

1° De la célébrer *après* le 14e jour de la lune pascale, *post non per ;*

2° Que ce 14e jour vienne le jour même ou après le jour de l'équinoxe, fixé pour toujours par le concile au 21 mars ;

5° Que ce soit un jour de dimanche.

1er *Exemple avant la réforme.* — Soit à trouver quel était le jour de Pâques en 242.

Pour avoir l'épacte, il faut diviser 242 par 19, ce qui donne 12 plus un reste 14. Or ce reste indique le 14e rang des épactes de l'ordre naturel, qui donne. . . . . 4 (Voy. p. 26.)

ajoutez le chiffre du siècle. . 7 (Voy. p. 40.)

Total. . . 11

Ainsi l'épacte de l'an 242 est 11.

Maintenant du. . . . . . 31 mars

Retranchez l'épacte. . . . 11

il reste. . . . . 20 nouvelle lune

ajoutez. . . . . 13 p. la pleine lune

Total. . . 33

à déduire pour mars. . 31

on a. . . 2 avril, pleine lune.

Je pars du 31 mars, parce que quand la nouvelle lune arrive le 1ᵉʳ janvier, elle est aussi
nouvelle au 31 mars, même dans les années
bissextiles, puisque la lune de février est alors
de 30 jours, au lieu de 29 pour les années communes.

Il s'agit de savoir maintenant quel est le quantième de la semaine au 2 avril, parce que l'à-
ques doit être célébré le dimanche suivant le
14ᵉ jour de la lune.

Pour cela, il faut chercher le 1ᵉʳ janvier de
242.

De 242
ôtez . .   1

reste. . 241
le quart 60

Total. . 301 | 7
          21 | 43
           0 = 7

ôtez. 1
____

reste . . . . 6 $=$ samedi, 1er janvier 242.

Maintenant au . 2 avril.

ajoutez 1er janvier 6

form. du mois d'av. 5
____

Total. . . 13 $= 7 + 6 =$ sam. p. le 2 av.

Pâques sera donc le dimanche 3 avril en 242.

2e Exemple avant la réforme.—Soit à trouver le jour de Pâques en l'année 1207.

1er *janvier*

de l'année. 1207

ôtez. 1
____

1206

$^1/_4$. . . 301
____

1507

multiples de 7. . . 1505
____

reste. . . . . 2 — 1 $=$ lundi 1er janv.

Epacte

1207 | 19
____
| 63 + 10

Le 10ᵉ rang donne épacte. 20
ajoutez chiffre du siècle. 8
                                          ——
                                          28

Donc l'épacte de 1207 est 28.

Pleine lune pascale.

Maintenant il faut du 31 mars
soustraire l'épacte . . 28
                        ——
            reste. . . 3 nouvelle lune
            ajoutez . . 13
                        ——
            Total . . . 16 pleine lune ou 14ᵉ.

Mais cette pleine lune tombant avant l'équinoxe fixé par le concile au 21 mars, ne peut être
la pleine lune pascale.

Alors à 16
j'ajoute une lune entière de. . 30 jours.
                               ——
            Total. 46
ôtez les jours du mois de mars. 31
                               ——
et l'on a. . . . . 15 avril.

Quantième du mois.

Pour avoir le jour de la semaine correspondant au. . . . 15 avril
ajoutez le 1er janvier. . . 1
formule du mois. 5
____
21

multiples de 7. 21
____

reste. . . . . . 0 dimanche.

Donc le 15 avril en 1207 était un dimanche, pleine lune. Pâques sera donc, d'après la règle, le dimanche suivant, ou le 22 avril.

Pâques des protestants. — Dans quelques pays protestants, on a suivi pour le comput ecclé-siastique le cycle pascal de 532 ans, tel qu'il avait été établi par Denys-le-Petit. Trouvons, d'après leur méthode, Pâques pour l'année 1787.

Il faut chercher combien dans 1787 il y a eu de révolutions du cycle de 532 ans, ou bien diviser $1787 + 1 = 1788$ par 532. J'ajoute une unité au millésime de l'année cherchée, parce que l'année 1re de l'ère vulgaire est la seconde de la période dionysienne. En effectuant la division, on trouve 3 fois plus 192 ans. Or, dans 192 ans, il y a dix fois le cycle lunaire de 19 ans, plus deux années ; ce qui indique que l'année 1787 est la 2e de la 11e période de 19 ans. Ainsi cherchons quel jour était Pâques la 2e année de la 11e période, et nous trouverons, comme pour les années 191 et 723, que Pâques était le 28 mars. Car il suffisait à ces protestants qui ont conservé le vieux cycle de Denys-le-Petit, d'avoir les Pâques pour 532 ans, parce que ces Pâques reviennent toujours aux mêmes quantièmes de mois au bout de ce cycle.

1er *Exemple, depuis la réforme.* —Soit à trouver le jour de Pâques de l'année 1684 bissextile.

1er *janvier*

de l'année.   1684
formule séculaire. .   17 (Voy. pag. 14.)
____
67

3

$$\frac{1}{4} \cdot \cdot \cdot \quad 16$$

$$\overline{ 83}$$

$$\text{le } \frac{1}{7} \cdot \cdot \cdot \cdot \cdot \cdot \quad 11 + 6 = 1^{er} \text{ janvier.}$$

Epacte

$$\text{Divisez. .} \quad 1684 \;\Big|\; 19$$

$$\Big|\; \overline{88} + 12.$$

Le 12e rang donne épacte. 12

ajoutez épacte du siècle. 1

L'épacte de 1684 est donc. 13

Maintenant du 31 mars

retranchez l'épacte 13

$$\overline{\text{reste . . . . 18}} \quad \text{nouvelle lune}$$

ajoutez . . . 13

$$\overline{ 31} \text{ mars pleine lune.}$$

ajoutez le 1er janv.   6

formule du mois.   2

bissexte.   1

$$\overline{40} = 35 + 5 = \text{vendredi.}$$

Le 31 mars pleine lune est un vendredi :
Pâques sera donc le dimanche suivant 2 avril.

2e Exemple, depuis la réforme. —Soit à trouver le jour de Pâques de l'année 1850.

$$1^{er} \text{ janvier}$$

de l'année.   1850
formule séculaire. .   9
———
41
¹/₄.   10
———
51
le 7ᵉ.   49
———

2 mardi, 1ᵉʳ janvier de l'an 1850.

Epacte

Divisez. .   1850 | 19
——
| 97 + 7

Le 7ᵉ rang donne épacte. .   17 (Voy. p. 26)
Épacte du siècle. . . . .   0 (Voy. p. 40)
———
17

Donc l'épacte de 1850 est 17.

Maintenant du. . 31 mars
ôtez l'épacte. . . . 17
             —
            14 nouvelle lune en mars
ajoutez. 13
             —
           27 mars, pleine lune
ajoutez le 1er de l'an. 2
formule du mois. . 2
             —
           31
multiples de 7. . . 28
             —
           3 mercredi.

Ce qui indique que le 27 mars est un mercredi. 3
pour arriver au dimanche
ajoutez 4 jours. 4 4
              —   —
           31 mars. . . 7 dim.

Donc Pâques arrivera le 31 mars en 1850. (Note 6.)

En faisant usage de ces formules, on évitera l'incertitude où l'on s'est trouvé pour la fixation du jour de Pâques en 1666, 1761, 1810,

1818, ce qui a donné lieu à des dissertations et à des discussions dont les journaux d'alors ont retenti. La même incertitude se renouvellerait en 1886, 1943 et 2038.

	1er janv. 5			1er janv. 1	
1666	Epacte. 24		1810	Epacte . 25	
	Pâques. 25 avril			Pâques . 22 avril	
	1er janv. 4			1er janv. 4	
1761	Epacte. 23		1818	Epacte . 23	
	Pâques. 22 mars.			Pâques . 22 mars.	

Remarques sur quelques Tables chronologiques.

Erreurs dans Ducange. — Par la nouvelle méthode, il est facile de relever les nombreuses erreurs contenues dans la table chronologique du Glossaire de Ducange au mot *annus*. Nous allons en signaler quelques-unes.

Pâques en l'année 25 ne tombe point le 31 mars qui est un samedi, mais le 1er avril.

En 440, Pâques est le 7 avril, et non le 1er de ce mois.

Pâques de 1296 arrive le 25 mars, et non le 26 qui est un lundi.

Les *Tablettes chronologiques* de l'abbé Lenglet-Dufresnoy, auxquelles les rédacteurs de l'Encyclopédie renvoient tom. II, article *chronologie*, ne sont pas non plus exemptes des fautes si communes dans ce genre de travail. En voici deux qu'un rapide examen nous a fait apercevoir dans les dates du 1er siècle de notre ère. Pâques de l'année 59 est le 15 avril, et non le 1er du même mois. Cette fête en 89 ne tombe point le 12, mais le 19 avril.

Pour toutes ces corrections nous nous accordons avec les tables de l'Art de vérifier les dates.

Observations sur le livre intitulé l'Art de vérifier les dates. — Il y a pourtant quelques différences entre nos Pâques et ceux des Bénédictins; mais elles ne portent que sur les premiers siècles de l'ère vulgaire. Il convient de signaler l'origine de ces différences, et de montrer en quoi elles consistent.

Les savants religieux ont accepté la période dionysienne de 532 ans (28) (19) (Cycle solaire multiplié par le cycle lunaire), telle que Denys-le-Petit l'avait établie au vi^e siècle, en conservant le cycle de Victorius auquel il adapta le calcul des orientaux, et qu'il continua jusqu'en 1063. Le comput de Denys fut généralement suivi en occident jusqu'à l'époque de la réformation grégorienne. Les Bénédictins l'ont fait remonter par un calcul rétrograde jusqu'à l'année qui précède l'ère vulgaire.

Ils ont ainsi négligé une cause d'erreur pour les trois premiers siècles du Christianisme. En effet, si, à partir de l'an 325, on a nombre d'or $=1$, épacte $=8$, il n'en est point de même pour les temps antérieurs. Nous avons fait voir que, lors de la réforme du calendrier de Jules César, la 1re année julienne, nombre d'or 14, avait pour épacte O, par suite de l'interversion de l'ordre primitif et régulier des épactes. L'ordre des épactes était donc N. O. $= 1$, E. $= 7$, selon le tableau que nous en avons dressé. Mais depuis l'an 45 avant notre ère jusqu'en 325, il y a eu une équation lunaire $+ 1$, provenant de l'excès des 19 années juliennes sur le cycle lunaire de 19 ans, qui produit, ainsi que nous l'avons dit, un jour tous les 312 ans. C'est pour cela qu'à l'époque du concile de Nicée les nouvelles lunes ne répondaient plus à l'ordre du calendrier Julien; on prit alors pour la 1re année du cycle celle où la nouvelle lune pascale tombait au 23 mars, ce qui donne N. O $= 1$, E. $= 8$. C'est ainsi que l'épacte 7 est devenue épacte 8. Les épactes du concile de Nicée, appliquées aux trois premiers siècles de l'ère vulgaire, sont donc trop fortes d'une unité. Or voici ce qui est résulté de cette fautive application du calcul rétrograde de Denys-le-Petit.

Dans *l'Art de vérifier les dates*, toutes les lunes depuis l'an 1er jusqu'en 325 sont en avance d'un jour. Par exemple, l'an 98, on trouve que le 14e jour de la lune était le 3 avril, tandis que les Bénédictins placent le terme pascal de cette année le 2; différence 1. L'an 99, on trouve le 14ᵉ au 23 mars; le terme pascal des Bénédictins est le 22; différence 1.

L'épacte 7, au lieu de 8, amène une différence pour le jour de Pâques en un seul cas : c'est lorsque le 14ᵉ jour de la lune ou terme pascal tombe un dimanche, parce qu'alors, selon la règle, on transporte la fête au dimanche suivant.

Ainsi, en l'année 28, épacte 9 + 7, le 14ᵉ jour de la lune tombe un dimanche, 28 mars; par conséquent, Pâques est différé jusqu'au dimanche 4 avril. Les tables des Bénédictins mettent Pâques au 28 mars, parce qu'avec l'épacte 9 + 8 le 14ᵉ jour ou terme pascal tombe un samedi, le 27.

En l'année 29, au contraire, que l'on ajoute 7 ou 8 à l'épacte de l'ordre naturel, on arrive au même résultat; car, avec l'épacte 7, le 14ᵉ jour de la lune tombe le 16 avril, samedi, et Pâques arrive le 17. Pâques arrive encore le 17, avec l'épacte 8, car le 14ᵉ tombe le 15 avril, vendredi.

Cette remarque nous a conduit à calculer de nouveau les Pâques des 325 premières années de l'ère vulgaire, et à dresser une table de rectifications aux dates que donnent les Bénédictins. Les dates que nous proposons sont-elles plus conformes aux faits? Nous le pensons; mais, bien que les exemples de variations empruntés à l'histoire des fêtes mobiles de l'Eglise par Baillet, et que les savants religieux citent au bas de leurs pages, témoignent souvent contre eux et en faveur de notre calcul, nous n'avons pas assez de documents pour trancher historiquement la question. Toutefois, en rangeant dans leur table chronologique les Pâques du calendrier Julien sur le cycle de Victorius, corrigé par Denys-le-Petit, les Bénédictins reconnaissent qu'ils ont moins représenté ce qui s'est universellement pratiqué dans l'Eglise, que ce qui aurait dû s'y pratiquer. Il s'agit donc uniquement de fixer ce qui devait être, puisqu'il faut renoncer à savoir tout ce qui a été.

A partir de la seconde moitié du VIe siècle jusques et y compris l'an 1582, nous trouvons un usage erroné mais constant : le cycle pascal de 532 ans a été généralement suivi; ainsi il n'y a point lieu de le corriger d'après l'ordre des véritables épactes donné ci-dessus, et qui a amené la réforme grégorienne.

Rectifications proposées pour les tables de l'*Art de vérifier les dates*, depuis l'an 1er de l'ère vulgaire jusqu'à l'an 525.

La lettre M. désigne mars et la lettre A., avril.

AN de L'ÈRE VULGAIRE.	TERME PASCAL.	JOUR de PAQUES.	PAQUES des TABLES DE L'ART de vérifier les dates.
4	23 M.	30 M.	23 M.
8	8 A.	15 A.	8 A.
11	5 A.	12 A.	5 A.
28	28 M.	4 A.	28 M.
31	25 M.	1 A.	25 M.
32	13 A.	20 A.	13 A.
35	10 A.	17 A.	10 A.

AN de L'ÈRE VULGAIRE.	TERME PASCAL.	JOUR de PAQUES.	PAQUES des TABLES DE L'ART de vérifier les dates.
38	6 A.	13 A.	6 A.
52	2 A.	9 A.	2 A.
55	30 M.	6 A.	30 M.
56	18 A.	25 A.	18 A.
58	26 M.	2 A.	26 M.
62	11 A.	18 A.	11 A.
72	22 M.	29 M.	22 M.
82	31 M.	7 A.	31 M.
86	16 A.	23 A.	16 A.
106	5 A.	12 A.	5 A.
126	25 M,	1 A.	25 M.
130	10 A.	17 A.	10 A.
133	6 A.	13 A.	6 A.
150	30 M.	6 A.	30 M.
153	26 M.	2 A.	26 M.
157	11 A.	18 A.	11 A.
177	31 M.	7 A.	31 M.
181	16 A.	23 A.	16 A.
201	5 A.	12 A.	5 A.
211	14 A.	21 A.	14 A.
221	25 M.	1 A.	25 M.

AN de L'ÈRE VULGAIRE.	TERME PASCAL.	JOUR de PAQUES.	PAQUES des TABLES DE L'ART de vérifier les dates.
225	10 A.	17 A.	10 A.
228	6 A.	13 A.	6 A.
231	3 A.	10 A.	3 A.
245	30 M.	6 A.	30 M.
248	26 M.	2 A.	26 M.
251	23 M.	30 M.	23 M.
252	11 A.	18 A.	11 A.
255	8 A.	15 A.	8 A.
272	31 M.	7 A.	31 M.
275	28 M.	4 A.	28 M.
276	16 A.	23 A.	16 A.
279	13 A.	20 A.	13 A.
296	5 A.	12 A.	5 A.
299	2 A.	9 A.	2 A.
303	18 A.	25 A.	18 A.
306	14 A.	21 A.	14 A.
316	25 M.	1 A.	25 M.
319	22 M.	29 M.	22 M.
320	10 A.	17 A.	10 A.

Avec la nouvelle méthode, il est permis de

faire plus que n'ont fait les Bénédictins ; et lorsque les calculs des Romains, des Orientaux,
des Espagnols, des Gaulois diffèrent, nous
pouvons toucher du doigt les erreurs commises,
et établir qui a tort ou qui a raison.

Comput ecclésiastique. 1er *Exemple.* — Grégoire de Tours, dans son histoire des Francs,
rapporte, liv. v, chap. 17, qu'en l'année 577
il y eut doute sur le jour de Pâques. Plusieurs
cités célébrèrent cette fête le 18 avril, et d'autres la retardèrent jusqu'au 21 mars. Suivant
l'Art de vérifier les dates, ainsi que d'après notre
calcul, on aurait dû célébrer la fête de Pâques
le 25 avril.

Le 1er janvier de l'an 577 était un vendredi
= 5, et l'épacte de 577 était 25 ; ce qu'il est
facile de vérifier.

La différence des uns et des autres vient de
ce que :

1° Ceux qui ont mis la fête de Pâques au
21 mars, ont regardé la lune qui fut pleine le
19 mars comme la lune pascale. Or, le 19 mars,

en 577, était un vendredi = 5 : par conséquent, le dimanche d'ensuite était le 21 mars,
après la pleine lune. Mais, d'après la règle du
concile de Nicée, la pleine lune pascale doit toujours arriver ou le 21 mars, ou après le 21.
Toutes les fois que la lune est pleine avant le
21 mars, cette lune n'est point la lune pascale.
Ainsi ceux qui ont célébré la fête de Pâques le
21 mars, l'ont célébrée trop tôt.

2° Ceux qui ont mis Pâques le 18 avril n'ont
donné à la lune qui précède la lune pascale que
29 jours, au lieu de lui en donner 30. Car, suivant eux, nouvelle lune en 577 le 6
Ajoutez une lune entière de. . 29 jours, comme
                                      lune d'avril
                                      finissant le
                                      3 avril.
                                 —
        Total. . . . . 35 = 4 avril nou-
                                  velle lune.

Plus, pour la pleine lune.. 13
                            —
        Total. . . . . 17 avril = sam.

1er janvier   5

Formule du mois.   5

$$\overline{27} = 6 \text{ samedi.}$$

Donc le jour de Pâques, suivant ces derniers, devait être le lendemain dimanche 18 avril, après la pleine lune. Ils étaient fidèles à leur principe : *in quo completur mensi lunatio detur ;* car la lune finissant le 5 avril était, suivant eux, la lune d'avril, mois pair, et qui ne devait avoir que 29 jours, comme nous le ferons voir. Ainsi, d'après leur comput, on n'avait rien à leur objecter sur le jour de la célébration de Pâques au 18 avril.

5° D'autres, tels que les derniers computistes et l'*Art de vérifier les dates*, ne donnent 29 jours qu'à la seule lune qui est pleine le 20 mars : toutes les autres lunes ont 30 jours.

Ainsi, d'après leur calcul, nouvelle lune le. . . . . 6 mars.

Une lune entière de 30 jours. . 30

30

36 =   5 avril nouvelle lune
plus pour la pleine lune. 13

—————

18 avril dimanche.

Mais Pâques doit être célébré après la pleine
lune et non pas le jour de la pleine lune, *post non
per*. Il faut alors renvoyer cette fête au dimanche suivant qui sera le 25 avril.

D'ailleurs cette année 577 venant la 8ᵉ du cycle
de 19 ans, était embolismique suivant les anciens
computistes, et, par conséquent, la lune finissant en avril avait 30 jours, comme la lune qui
finissait en mars.

2ᵉ Exemple. — En 414, le pape Innocent fit
célébrer en occident la fête de Pâques le 22
mars; le 14ᵉ jour de la lune arriva le 21 mars.
Tel est aussi le terme pascal que donnent les Tables de l'Art de vérifier les dates, où Pâques est
placé au 22 mars. Mais Saint-Cyrille recula cette
fête, en Égypte, jusqu'au 29 de ce même mois.
Le premier calcul est conforme à celui du cycle
de Denys-le-Petit, où l'épacte 8 part de la pre-

mière année de l'ère vulgaire ; on arrivera au même résultat que Saint-Cyrille, en partant de l'épacte 7. Voici les deux calculs :

1er janvier = 4.

Epacte. . = 15 + 8 = 23.

$$31 \text{ mars}$$
$$23 \text{ épacte.}$$
$$\overline{8 \text{ N. L.}}$$
$$13$$
$$\overline{21 \text{ mars P. L. samedi}}$$
$$2 \text{ formule de mars}$$
$$4 \; 1^{er} \text{ janvier.}$$
$$\overline{27 = 21 + 6.}$$

Pâques arrive le lendemain 22 mars.

Epacte . . = 15 + 7 = 22.

$$31 \text{ mars}$$
$$22 \text{ épacte.}$$
$$\overline{9 \text{ N. L.}}$$
$$13$$
$$\overline{22 \text{ mars P. L. dimanche}}$$

2 formule de mars

4 1ᵉʳ janvier.

———

$28 = 0.$

Le 14ᵉ jour tombant un dimanche, Pâques doit être reporté au dimanche suivant 29 mars.

Nos épactes et celles des Tables. — Si l'on compare nos épactes avec celles des Tables de l'Art de vérifier les dates, on trouvera qu'elles s'accordent parfaitement à partir de la réformation grégorienne.

Ainsi, l'on a depuis 1583 jusqu'à 1700, N. 0.=1E. = 1.
depuis 1700 jusqu'à 1900, N. 0.=1E. = 0.
depuis 1900 jusqu'à 2000, N. 0.=1E.=29.

Mais antérieurement à la réforme de Grégoire XIII, depuis l'an 1ᵉʳ de l'ère vulgaire jusqu'en 1582, l'épacte 29 reparait invariablement dans les Tables à chaque première année du cycle de 19 ans, pour toute l'étendue du calendrier Julien. Les Bénédictins ont ainsi reproduit l'ordre des épactes suivi au moyen-âge dans les dates des chartes et des diplômes.

Les anciens computistes comptaient autant d'épactes chaque année que la lune avait de jours au 22 mars. Il était donc important de connaître l'âge de la lune au 22 mars, parce qu'alors on savait si cette lune, qui était pleine au 22 mars, était pascale ou non. Car si le nombre des épactes était au dessus de 16, alors la lune n'était point pascale, et c'était la suivante. Si, au contraire, le nombre des épactes était au dessous de 16, alors la lune qui courait au 22 mars était la lune pascale. Exemple : la 1re année du cycle de 19 ans (période de 532 ans), les anciens computistes comptaient 29 d'épacte; ce nombre est au dessus de 16, par conséquent, la lune qui courait encore le 22 mars n'était point pascale, c'était la suivante, dont le 1er jour était le 23 mars. La 2e année du même cycle les anciens comptaient 11 d'épacte; or, 11 est au dessous de 16, donc la lune qui courait au 22 mars était pascale.

Tel est l'usage des épactes que les Bénédictins ont placées à la dernière colonne de leurs Tables.

Il faut ajouter 7 à l'épacte marquée depuis l'an 1er de l'ère vulgaire jusqu'en 325, et 8 depuis 325 jusqu'en 1582, si l'on veut s'en servir pour trouver la fête de Pâques d'après notre méthode.

Les Égyptiens et les Alexandrins commençaient leurs épactes à partir du mois de septembre, quatre mois pleins avant ceux qui, selon l'usage des Romains, ne les comptaient qu'avec le mois de janvier.

Les nouveaux computistes comptent autant d'épactes chaque année que la lune a de jours le dernier décembre de l'année qui précède.

COMPUT ECCLÉSIASTIQUE.

Après ces diverses réflexions sur la construction des Tables des Bénédictins, il nous reste encore à présenter quelques notions sommaires sur l'ancien comput ecclésiastique. Nous avons longuement traité de l'épacte qui remplace le nombre d'or dans notre méthode pour la recherche du jour de Pâques ; là se trouve la partie la plus neuve et en même temps la plus utile de ce travail : mais il y a plusieurs autres points dont l'intelligence est indispensable à quiconque veut déchiffrer les dates des écrivains du moyen-âge. Parcourons-les rapidement.

Lettre dominicale. — Les lettres dominicales que les premiers Chrétiens avaient mises à la place des lettres nundinales, dans le calendrier Julien, sont les premières lettres de l'alphabet, au nombre de sept, parce qu'il y a sept jours dans la semaine. Elles sont placées par ordre régulier vis-à-vis des quantièmes de chaque mois dans le calendrier perpétuel, depuis le 1er janvier jusqu'au 31 décembre. Elles marquent successivement les dimanches, la lettre **A** vis-à-vis du 1er janvier, la lettre **B** vis-à-vis du 2, la lettre **C** vis-à-vis du 3 et ainsi de suite ; ce qui veut dire que quand la lettre dominicale est **A**, alors le 1er janvier est un dimanche ; quand elle est **E**, c'est le 5 janvier qui est un dimanche. Ces lettres servent pour la fixation de Pâques.

Ordre des jours	*Jours fériés.*	*Lettres dominic.*
Lundi . . 1	Dimanche 1re férie.	A vis-à-vis du 1er janv.
Mardi . . 2	Lundi . . 2e férie.	B 2
Mercredi. 3	Mardi . . 3e férie.	C 3
Jeudi . . 4	Mercredi. 4e férie.	D 4
Vendredi. 5	Jeudi . . 5e férie.	E 5
Samedi. . 6	Vendredi. 6e férie.	F 6
Dimanche 7 ou 0.	Samedi. . 7e férie.	G 7

et ainsi de suite jusqu'à la fin de décembre.

Quand on connaît le 1er jour de janvier, on peut trouver la lettre dominicale en retranchant ce jour du nombre 8 ; le reste indique la dominicale cherchée. Le 1er janvier de l'an 1850 est un mardi = ... 2

qui retranché du nombre. 8

____

donne la dominicale F. 6

On peut encore trouver la dominicale d'une autre manière. Pour cela, il faut se rappeler la lettre dominicale du siècle de l'année cherchée :

1600   1700   1800   1900

B. A = 1   C = 3   E = 5   G = 7

Alors de la dominicale du siècle, ou du nombre

qui lui correspond, retranchez ce qui reste de la division par sept des deux derniers chiffres du millésime de l'année demandée, auxquels on aurait ajouté son quart.

Soit à trouver la dominicale de l'année. 18/31

ajoutez le quart de 31 .   7
                Total. . . .   38

La division par 7 donne   5 + un reste 3.

Maintenant de la dominicale du siècle 1800 = E = ... 5

retranchez le reste trouvé ci-dessus   3
                il viendra. . . .   2 = B,

ce qui indique que la lettre dominicale de 1831 est B.

Lorsque le chiffre du siècle est inférieur au reste trouvé de la division par 7, il faut lui ajouter une semaine entière, comme pour l'année 1833 ; et l'on arrivera à la dominicale = 6 = F.

Quand il ne reste rien à la seconde soustraction, comme pour l'année 1849, alors le zéro indique 7 ou G.

Quand l'année cherchée est bissextile, la première des deux dominicales est la lettre de l'alphabet qui suit la lettre trouvée, comme pour l'année 1848. On trouvera par le moyen indiqué le deuxième reste $= 2 = $ B, et pour les deux dominicales de l'année bissextile 1848 B. A.

Nombre d'or. — Le nombre d'or est une période de 19 ans, au bout de laquelle les nouvelles lunes reviennent au même jour du mois. On a commencé le cycle, c'est-à-dire à compter 1, quand la nouvelle lune est arrivée au 1er janvier. Par conséquent, la lune n'arrive le 1er janvier que tous les 19 ans. L'an 1er de l'ère vulgaire, d'après la chronologie adoptée généralement et en particulier par les Bénédictins, le nombre d'or était 2. Donc en ajoutant 1 à l'année demandée et divisant par 19, le reste de la division donnera le nombre d'or de l'année demandée. VII est le nombre d'or de l'année 1849.

4

Il faut distinguer deux sortes de cycles :

1° Le *cycle lunaire*, selon les Romains, était de 19 ans, et commençait au 1er janvier. L'an 1er de l'ère vulgaire était le 18e du cycle lunaire. L'épacte de la 1re année de ce cycle était XI.

2° Le *cycle de 19 ans*, selon les Hébreux et les Alexandrins, commençait au 1er mars. L'an 1er de l'ère vulgaire était le 2e du cycle de 19 ans. L'épacte de la 1re année de ce cycle était VIII.

Ainsi le cycle lunaire commence trois ans plus tard que le cycle de 19 ans. Il figure avec le cycle de 19 ans dans les colonnes de l'Art de vérifier les dates jusqu'en l'année 1582 : mais, à partir de 1583, les Bénédictins ne donnent plus que le cycle de 19 ans, parce que c'est le seul qui soit maintenant en usage.

Indiction romaine. — L'indiction romaine est une période de 15 ans qui n'est employée que dans les actes de la cour de Rome. Le commencement de ce cycle date de trois années avant l'ère vulgaire. Ainsi, en ajoutant 3 à l'année cherchée, et divisant par 15, le reste indiquera l'indiction.

Ainsi pour l'année. . 1849

Ajoutez 3

____

1852

Divisez par 15. . . . 123 + 7. Ce reste indique que l'indiction de l'année 1849 est VII.

On a compté par olympiades (périodes de 4 ans) jusqu'au temps de Constantin. C'est de l'année 313 que les Bénédictins font partir leur table des indictions.

Cycle solaire. — Le cycle solaire est une période de 28 ans; c'est le produit de 7 par 4, les jours de la semaine par le retour des bissextes. Cette période ramène les mêmes quantièmes du mois aux mêmes jours de la semaine. L'an 1er de l'ère vulgaire, le cycle solaire était 10. Ainsi, en ajoutant 9 à une année demandée, et divisant la somme par 28, le reste donnera le cycle solaire cherché.

A l'année. 1849
Ajoutez. 9
____
1858

Divisez par 28. . . . 66 + 10. Ce reste 10 est le cycle solaire de l'année 1849.

Années embolismiques. — Dans l'ancien calendrier, avant la réforme Grégorienne, il faut distinguer avec soin les années communes et les années embolismiques (années où il y a une lune intercalaire).

Le cycle de 19 ans comprend, comme nous l'avons vu, 12 années communes et 7 années embolismiques.

Les années communes sont composées de 12 mois lunaires, et les années embolismiques de 13 mois lunaires. Les 7 années embolismiques du cycle de 19 ans, *suivant les anciens computistes,* étaient les

2ᵉ, 5ᵉ, 8ᵉ, 11ᵉ, 13ᵉ, 16ᵉ et 19ᵉ années.

Les années communes étaient les

1ʳᵉ, 3ᵉ, 4ᵉ, 6ᵉ, 7ᵉ, 9ᵉ, 10ᵉ, 12ᵉ, 14ᵉ, 15ᵉ, 17ᵉ

et 18ᵉ années.

Depuis la réformation Grégorienne, *d'après les nouveaux computistes*, les 7 années embolismiques sont les

3ᵉ, 6ᵉ, 9ᵉ, 11ᵉ, 14ᵉ, 17ᵉ et 19ᵉ années.

Les 12 années communes sont les

1ʳᵉ, 2ᵉ, 4ᵉ, 5ᵉ, 7ᵉ, 8ᵉ, 10ᵉ, 12ᵉ, 13ᵉ, 15ᵉ, 16ᵉ et 18ᵉ années.

Il y a toujours deux lunes en juin, parce que c'est dans ce mois que se trouve l'embolisme ou la lune intercalaire.

Dans la table chronologique de l'Art de vérifier les dates, les années embolismiques des anciens computistes sont désignées par un astérisque à la colonne du cycle de 19 ans.

Les années embolismiques des nouveaux computistes sont marquées du même signe à la colonne du cycle lunaire; mais, à partir de 1583, le cycle lunaire disparaît des tables, et le cycle de 19 ans y figure seul avec les astérisques notant les embolismes des nouveaux computistes.

Lune pleine et lune cave. — Les anciens et les nouveaux computistes comptent une lune de 30 jours qu'ils nomment *pleine,* et une lune de 29 jours, qu'ils appellent *cave,* en sorte qu'ils donnent :

30 jours à la lune de janvier.	30	......	juillet.
29 à celle de	février.	29	août.
30	mars.	30	septembre.
29	avril.	29	octobre.
30	mai.	30	novembre.
	juin.	29	décembre.

Cet ordre a lieu seulement pour les années communes ; mais, dans les années embolismiques, il est changé ainsi qu'il suit :

Avant la réformation.

Janvier	30	Mai	29	Septembre	30
Février	29	Juin 1re 30 / 2me 29		Octobre	29
Mars	30	Juillet	29	Novembre	30
Avril	30	Août	29	Décembre	29

Depuis la réformation, l'ordre des lunaisons des mois pairs ou impairs a très-peu changé ;

seulement , dans la 19ᵉ année du cycle , on donne deux lunes de 29 jours au mois de décembre.

Nom des lunes. — La lune ou la lunaison d'un mois n'est pas celle qui commence , mais celle qui finit dans ce mois. Par exemple , la lune de janvier en 1746 n'est point celle qui commence le 24 de ce mois , mais celle qui finit le 23 du même mois , et qui avait commencé le 25 décembre de l'année 1745. Elle avait donc 7 jours en décembre, plus 23 jours en janvier , total 30 jours , nombre de jours que doit avoir la lune de janvier.

La règle des computistes est :

In quo completur mensi lunatio detur ;

La lune prend le nom du mois dans lequel elle finit.

Réguliers lunaires. — Les anciens computistes faisaient aussi usage des réguliers lunaires. C'est un nombre invariable attaché à chaque mois de l'année, et qui étant additionné avec les épactes, faisait connaitre quel était le jour de la lune le 1er du mois.

Comme tous les anciens computistes ne s'accordaient point sur le commencement de l'année lunaire, ils ne s'accordaient point non plus sur le nombre des réguliers lunaires qu'il fallait attacher à chaque mois. Ceux qui commençaient l'année lunaire avec le mois de janvier, ou avec le mois de mars, attachaient autant de réguliers lunaires à chaque mois que la lune avait de jours, le 1er de chaque mois de la 1re année du cycle de 19 ans. Or, cette année-là, le 1er janvier était le 9e de la lune, puisque la nouvelle lune tombait le 24 décembre précédent, et que, depuis le 24 décembre jusqu'au 1er janvier inclusivement, il y a 9 jours.

Voici la table des réguliers lunaires, selon les computistes, qui commençaient l'année lunaire au mois de janvier ou au mois de mars.

Janvier	9	Avril	10	Juillet	13	Octobre	16
Février	10	Mai	11	Août	14	Novembre	18
Mars	9	Juin	12	Septembre	16	Décembre	18

Maintenant pour avoir le jour de la lune au 1ᵉʳ janvier de la 2ᵉ année du cycle de 19 ans, il ne fallait qu'ajouter l'épacte de cette année qui était XI avec le chiffre 9 répondant à janvier, et l'on avait 20 : ce qui annonçait que le 1ᵉʳ janvier de la 2ᵉ année du cycle était le 20ᵉ jour de la lune. Ce calcul pouvait servir pour tous les autres mois dans les années communes, mais n'avait plus lieu dans les années embolismiques.

Les autres computistes qui commençaient l'année lunaire au mois de septembre avec les Égyptiens, et quatre mois avant l'année Julienne, donnaient cinq réguliers lunaires aux mois de septembre et d'octobre, et sept aux mois de novembre et décembre. Pour tous les autres mois ils s'accordaient avec ceux qui commençaient l'année lunaire au mois de janvier ou de mars. Cette différence venait de ce que ces quatre mois, septembre, octobre, novembre et décembre, appartenaient à l'année précédente, l'année Julienne commençant au mois de janvier ou de mars. Pour les accorder, il ne faut qu'ajouter

XI d'épacte. Ainsi, $5 + 11 = 16$ sont les réguliers de septembre et d'octobre, et ensuite $7 + 11 = 18$ sont les réguliers des mois de novembre et de décembre.

Concurrents.—Les années communes, comme on le sait, sont composées de 52 semaines plus un jour, et les années bissextiles de 52 semaines plus deux jours. Cet excédant d'un jour ou de deux jours est ce qu'on appelle concurrent, parce qu'il concourt avec le cycle solaire. On comptait autant de concurrents que de jours dans la semaine.

Les concurrents servaient avec les réguliers annuels à trouver quel jour de la semaine tombait le 1er jour de la lune pascale. Par exemple, en 874 qui était la 1re année du cycle de 19ans, on comptait *4 concurrents et 5 réguliers,* total$=9$. En en retranchant 7 il reste 2, ce qui indiquait que le 1er jour de la lune pascale de 874 était un mardi $= 2$.

Autre exemple.—En 875 qui était la 2e année

du cycle de 19 ans, on comptait 5 *concurrents et 1 régulier*, total $= 6 =$ samedi. Donc le 1er jour de la lune pascale en 875 était un samedi $= 6$.

Pour calculer les concurrents d'une année, voici comment on procédait : la 1re année du cycle solaire avait 1 pour concurrent, la 2me 2, la 4me 4, la 5me 6 à cause du bissexte ; ainsi de suite, la 15me 4. En général, le concurrent de l'année du cycle solaire égale cycle solaire, plus le nombre des bissextes échus. Or, l'année 874 a pour cycle solaire 15 ; donc le concurrent $= 15 + 3$ bissextes $= 18$. Retranchez les multiples de 7, il restera 4 pour concurrent de l'année 874.

Voici le calcul pour les réguliers lunaires.

Régulier $=$ le 1er jour de la lune pascale, moins le concurrent. Or, lune pascale $= 31$ mars $-$ l'épacte $+$ le 1er janvier $+$ la formule du mois. Concurrent $=$ cycle solaire $+$ les bissextes échus.

Ainsi en l'année 880 bissextile, où l'on a (E $= 14$) (cycle solaire $= 21$) (1er janvier $= 6$) ;

le régulier$=31-14+2+6-21-5=39-40$.
Comme le signe $+$ est inférieur au signe $-$ il faut ajouter 7, et l'on a :

Régulier $= 39 + 7 - 40 = 46 - 40 = 6.$

On le voit : le régulier égale l'épacte, plus la formule du mois, plus le 1er janvier, moins le cycle solaire, moins le nombre des années bis-sextiles accomplies.

Application des formules.

Avec les formules développées ci-dessus, et les explications que nous venons de donner sur le comput ecclésiastique, on peut vérifier les dates de faits rapportés dans l'histoire ou qui font époque, et déchiffrer les dates d'un très-grand nombre de chartes, de diplômes, de manuscrits, sans aucun secours étranger, sans rien emprunter notamment aux tables des Bénédictins. Nous ajouterons encore quelques exemples à tous ceux qui ont déjà été présentés ; et ces applications diverses montreront que la nouvelle méthode se suffit à elle-même, et qu'elle conduit d'une manière sûre, facile et prompte au résultat cherché.

1er *Exemple*. — Grégoire de Tours, dans son Histoire ecclésiastique des Francs, liv. 11, chapitre 6, dit qu'Attila prit et saccagea la ville de Metz la veille de Pâques en 451. Quelques auteurs, entre autres Grosley de Troyes, ajoutent que Pâques, cette année-là, était le 17 avril; d'autres, et surtout la congrégation de Saint-Maur, soutiennent que Pâques en 451 était tombé le 8 avril. Il s'agit de savoir qui a tort et qui a raison.

Or, on voit, d'après les formules, que le 17 avril de 451 était un mardi et non pas un dimanche; par conséquent le jour de Pâques n'a pu tomber le 17 avril.

1er janvier

—

451

$$- \quad 1$$
$$\overline{450}$$

$$^1/_4 \ldots \ldots \ldots \ldots \quad 112$$
$$\overline{562}$$

$$\text{le } 7^e \ldots \ldots \ldots \quad 80 + 2$$
$$\text{à retrancher.} \ldots \ldots \quad 1$$
$$\overline{1 = \text{lundi}}$$

Donc 1er janvier 451 est un lundi.

Cherchons maintenant le   17 avril

$$\text{1}^{er}\text{ janvier.} \ldots \ldots \ldots \quad 1$$
$$\text{formule du mois} \ldots \ldots \quad 5$$
$$\overline{23 = 21 + 2\,\text{mardi}}$$

Donc le 17 avril $= 2$ mardi.

Epacte

$$\text{Epacte de l'an} \ldots \ldots \ 451 \ \big|\ 19$$
$$\big|\ \overline{33 + 14}$$

Le 14e rang des épactes donne. . . . 4

Formule séculaire 8
$$\overline{12}$$

Donc l'épacte de 451 est 12.

Pleine lune pascale

du. . . . . 31 mars
ôtez l'épacte . . 12
———
19 N. L.
13
———
32 = 1er avril P. L.

Alors. . . . . . . 1 avril
1er janvier. 1
formule du mois. . . 5
———
1er avril . . . . . = 7 = dimanche.

Pâques sera le dimanche d'ensuite, et par conséquent le 8 avril.

Donc il y a erreur dans Grosley. Au reste, on voit combien il serait important, pour les époque remarquables, de préciser, non seulement le quantième du mois, mais encore le jour de la semaine.

2e *Exemple.* — L'histoire de la Basoche rapporte qu'autrefois, le jour de mardi gras, on

plaidait des causes grasses, et que le 6 mars 1470,
on plaida une cause d'impuissance maritale avec
demande de divorce. Il s'agit de vérifier si le
6 mars en 1470 était un mardi, et s'il était mardi
gras. Or, on sait que le dimanche gras est toujours sept semaines avant Pâques, comme la
Pentecôte est toujours sept semaines après.

Cherchons d'abord le 1er jour de l'an 1470.

$$1^{er} \; janvier$$

$$1470$$
$$- \qquad 1$$
$$\overline{1469}$$

Ajoutez ¼.   367

Total 1836
Supprimez les multiples
  de 7. . . . .   262 + 2
Ajoutez 6, ou retranchez 1 pour la
  1re année de l'ère vulgaire. . . 1
$$\overline{1 \; lundi}$$

Ce qui indique que le 1er janvier de l'année 1470 était un lundi.

Epacte

—

Cherchons maintenant
l'épacte de l'année . 1470 | 19
____
| 77 + 7

Le reste 7 indique le 7e rang des épactes qui donne 17.

A l'épacte de l'ordre naturel. . 17
ajoutez le chiffre du siècle. . . . 8
____
25

Donc l'épacte de 1470 est 25.

Jour de Pâques.

Alors, pour avoir le jour de
Pâques, il faut, du . . . 31 mars
ôter l'épacte. 25
____
6 nouvelle lune
13
____
19 pleine lune

4*

Cette pleine lune, tombant avant le 21 mars, n'est point pascale ;

On doit alors à la plei-
ne lune . . . . . . 19 mars
ajouter . . . . 30 année embolismique
_____
49

Supprimez les jours du
mois de mars . . . 31
_____
18 avril pleine lune

Ajoutez la formule du
mois. 5
1ᵉʳ jour de l'an. . . . 1
_____
24

Multiples de 7 . . . . . 21 + 3 = mercredi.

Donc le 18 avril pleine lune est un mercredi, et par conséquent le jour de Pâques sera le 22 avril = 7 = dimanche.

Maintenant les sept semaines forment 49 jours :
dans le mois d'avril. . 22
du 4 mars au 31 mars 27
_____
49 ainsi le dimanche gras

en l'année 1470 a été le 4 mars, et le mardi gras le 6 mars, ce que l'on voulait vérifier.

3e *Exemple.* — Histoire de France. Henri V, roi d'Angleterre, épousa la fille de Charles VI roi de France, à Troyes, dans l'église de Saint-Jean, le 2 juin 1420, jour de la Trinité. Cette fête est-elle le 2 juin en l'année 1420 ?

La fête de la Trinité est toujours le 8e dimanche après Paques.

$$1^{er} \ janvier$$

$$1420 \ \text{bissextile}$$

$$- \quad 1$$

$$1419$$

$$^1/_4 \ldots \ldots \ldots \quad 354$$

$$1773$$

$$^1/_7 \ldots \ldots \ldots \quad 253 + 2$$

$$- \quad 1$$

$$1^{er} \ janvier \ldots \ldots 1 = lundi.$$

Epacte

$$1420 \mid 19$$
$$\overline{74} + 14$$

le 14ᵉ rang des épactes donne. . . 4
chiffre du siècle 8

Epacte 12

Pâques

Du. . . . . 31 mars
ôtez l'épacte 12

19 nouvelle lune
+   13

32

ôtez mars. 31

1ᵉʳ avril pleine lune

formule du mois. 5
1ᵉʳ janvier 1
bissexte. 1

le 1ᵉʳ avril 1420 =   8 = lundi

Pâques sera donc le 7 avril. Ajoutons 8 semaines ou 56 jours pour arriver à la fête de la Trinité.

En avril. 23
Mai entier. 31
En juin 2
___

Total. . . . 56 jours.

Le 2 juin tombe bien un dimanche.

En effet au chiffre. 2
Ajoutez la formule du mois 3
     le 1er janvier . . . 1
     le bissexte. 1
___

Total. . . . . 7 = 0 = dimanche.

4e *Exemple.*—Histoire de France. Philippe 1er fut sacré à Reims, le 23 mai, jour de la Pentecôte, en 1059. Voyons si le jour de la Pentecôte tombait cette année-là le 23 mai. Cette fête se célèbre toujours le 7e dimanche après Pâques.

1er *janvier*

1059
— 1
___
1058

$^1/_4$. 264
____

                         1322

$^1/_7$ . . . .   188 + 6
                           — 1
                           ____

Le 1er janvier sera . . . . . . 5 = vendredi.

Épacte

1059 │ 19
     ├──────────────
     │ 55 + 14^e rang = 4

Chiffre du siècle. 8
                              ____

L'épacte de 1059 sera donc 12

Pâques

Du. . . . . 31 mars
ôtez l'épacte. 12
                    ____

                         19 N. L.
                       + 13
                       ____

                         32
                       — 31
                       ____

                         1 avril P. L.

Formule du mois.   5
1er janvier.   5
Total. . . . 11
$^1/_7$ 7

le premier avril sera. . .   4 = jeudi ;
par conséquent Pâques le 4 avril.
7 semaines = 49 jours
En avril. 26
En mai 23
Total. . . 49

Donc la Pentecôte sera le 23 mai = 0. En effet,
au. . . . . 23 mai
j'ajoute 1er janvier . . .   5
formule du mois   0
Total. . . . . . 28 = 0

Donc le 23 mai est un dimanche.

5e *Exemple.* — Histoire ecclésiastique. A Verdun, sous le pontificat d'Adalbéron, évêque de Verdun, on ouvrit la châsse de Saint-Saintin le jour de l'Ascension, 19 mai 1132, et on trouva l'inscription qui donnait à ce saint le titre de docteur, de 1er évèque de Verdun, et de pasteur de Meaux. La translation de Meaux à Verdun avait été faite en 1032.

Le jour de l'Ascension est un jeudi, le 40e jour après et compris Pâques.

$$1^{er}\ janvier$$

$$1132$$
$$-\quad 1$$
$$\overline{\quad 1131\quad}$$

Un ¼. 282
$$\overline{\quad 1413\quad}$$

Le 7e . . . . 201 $+$ 6
$$-\quad 1$$
$$\overline{\quad 5\quad}$$

Le 1er jour de l'an 1132 a donc été 5 $=$ vendredi.

Epacte

Epacte de l'an. . . . 1132 | 19
____
| 59 + 11

11ᵉ rang des épactes donne E = 1

Chiffre du siècle. 8
_____
9

L'épacte de 1132 est 9.

Pâques

—

Maintenant du. . 31 mars
ôtez l'épacte . . . 9
____
22 N. L.

13
____
35 = 4 avril P. L.

Formule du mois. . 5

1ᵉʳ janvier 5

Bissexte 1
____
15 = 2 × 7 + 1 lundi

Le 4 avril 1132 est donc un lundi : ainsi Pâques arrive le 10 avril.

5

Ascension

—

En avril, le jour de Pâques compris. . 21 j.

En mai 19

$$\overline{40}$$

Pour connaitre le. . . 19 mai.

Formule du mois . . . 0

1er janvier 5

Bissexte 1

$$25 - 21 = 4 = \text{jeudi.}$$

Donc le 19 mai de l'an 1132 a été un jeudi, jour de l'Ascension.

6e *Exemple*. — On lit dans la *Gallia Christiana* que Pierre d'Arceis, 73e évêque de Troyes, mourut le 18 avril 1595, jour de la Quasimodo. Vérifions cette date.

1er *janvier*

De l'année. 1395

ôtez 1

$$\overline{1394}$$

$$\tfrac{1}{4} \ldots \ldots \ldots \ 348$$

$$1742$$

$$\tfrac{1}{7} \ldots \ldots \ldots \ 248 + 6$$

ôtez. 1

Reste p. le 1er janvier. . . . . 5 vendredi.

Epacte

Divisez. . . . 1395 | 19

$$\overline{73} + 8$$

Le 8e rang donne ép. 28

Epacte du siècle. . .   8

$$36 = 6$$

Donc l'épacte de 1395 est 6.

Jour de Pâques.

Du. . . . . 31 mars

ôtez l'épacte. . . .   6

$$25 \ \text{N. L.}$$

ajoutez. 13

$$38 = 7 \ \text{avril P. L.}$$

Ajoutez 1er janvier. 5

Formule du mois. 5

Quantième du 7 avril. . . $17 = 14 + 3$

mercredi.

D'où il est aisé de conclure que Pâques a été le 11 , et le dimanche de la Quasimodo le 18 avril (6).

7e *Exemple.* — Une charte rapportée par Bréquigny à l'année 1113 est ainsi datée :

Data Nannetis , mense Augusto , feria 1 , luna XXVII, *epacta* XII.

Bréquigny écrit en marge : *sans quantième.*

Étudions cette date.

D'abord l'épacte XII indique que cette charte n'est point de 1113, mais de l'an 1114. 1114 divisé par 19 donne pour reste 12, et la 12e épacte de l'ordre naturel est XII.

Le 27e jour de la lune s'entend ici , suivant le principe des computistes que nous avons rappelé (pag. 79), de la lune qui finit dans le mois d'août, et qui, commençant en juillet, prend son nom du mois où elle finit. Pour savoir à quel quantième du mois d'août répond le 27 de la lune, je cherche d'abord le quantième de la nouvelle lune en mars, ce qui s'obtient en retranchant l'épacte du 31 mars 31 — 12 + 8 = 11 ; et retranchant de ce quantième autant d'unités qu'il y a de mois écoulés depuis et compris mars 11 — 5 = 6, je trouve que la nouvelle lune tombe le 6 juillet, et, par conséquent, le 27ᵉ jour de cette lune arrive le 2 août.

Maintenant pour connaître quel jour de la semaine tombe le 2 août,

j'additionne ensemble. . . . . 2 août
le 1ᵉʳ jour de l'an 1114, jeudi. 4
la formule du mois d'août. . . 1
____
TOTAL. . . . 7 ce qui indique que le 2 août tombe un dimanche. En effet, les mots de la charte *Feria* 1 signifient dimanche. Ainsi cette charte est du dimanche, 2 août 1114.

Les exemples suivants sont empruntés à la

dissertation des Bénédictins sur les dates des chartes et des chroniques, pag. XXXVIII et XXXIX, édit. de 1783. Nous les choisissons à dessein, parce que ce sont précisément ceux qu'ils donnent pour montrer le parti qu'on peut tirer de leur table et de leurs divers calendriers. Mais laissons-les parler eux-mêmes.

« Nous lisons parmi les preuves de la nouvelle histoire de Languedoc, tom. II, col. 319, une charte qui est ainsi datée :

> *Facta sunt autem hæc* v *kal. januarii, die sabbati, luna* XXVII, *regnante Philippo Francorum rege.*

C'est Philippe Ier. Ce prince a regné depuis 1060 jusqu'en 1108. Comment connaître en quelle année d'un règne si long notre charte a été donnée ? La chose est facile avec notre table chronologique et nos calendriers. »

Je vais arriver par la nouvelle méthode au même résultat que les Bénédictins.

Le v des calendes de janvier répond au 28 décembre $5 - 2 = 3 : 31 - 3 = 28$. (7) Le 28 décembre, d'après la charte, répond au 27ᵉ jour de la lune ; donc le 1ᵉʳ jour de la lune arrive le 2 décembre.

Pour avoir le 1ᵉʳ jour de la lune en mars, j'ajoute autant d'unités qu'il y a de mois écoulés depuis et compris mars (de mars à décembre 10 mois) 2 + 10 = 12. Ainsi la nouvelle lune en mars arrive le 12.

Maintenant si du . . . . 31 mars
je retranche le 1ᵉʳ de la lune. . . . 12
j'obtiens l'épacte de l'année cherchée   19.

L'épacte de l'ordre naturel sera donc, en retranchant le chiffre du siècle 8, applicable à toutes les épactes du calendrier Julien, conformément au calcul de Denys-le-Petit, 19—8=11.

D'autre part, je remarque que le 28 décembre de l'année cherchée étant un samedi *die sabbati,* l'année suivante a commencé par un mercredi. Ainsi l'année cherchée a eu pour premier janvier un mardi, ou un lundi, si elle est bissextile.

Le problème se réduit donc à trouver quelle est depuis 1060 jusqu'à 1108 l'année qui a pour épacte XI, et pour premier janvier lundi ou mardi.

L'épacte de 1060 étant XV, comme il est facile de s'en assurer, si nous comparons la suite des années jusqu'en 1108 à la série des épactes de l'ordre naturel, dont nous avons le tableau pag. 26, nous verrons que l'épacte XI répond aux années 1065, 1084, 1103. Aucune de ces années ne commence par un mardi; 1084, année bissextile, est la seule qui ait pour 1er jour de l'an lundi.

Le 28 décembre de l'année 1084 est bien un samedi : car si au jour cherché 28 décembre nous ajout. la formule du mois.   4

le 1er janvier.   1

le bissexte   1

———

Nous trouvons. . . . . 34=28+6 sam.

Ainsi cette charte est bien, comme le disent les Bénédictins, du 28 décembre 1084.

Voici un autre exemple cité par les mêmes
auteurs, et emprunté aux preuves de la nouvelle
histoire de Bretagne, col. 302 :

> *Facta est ista traditio die sabbati, secundo
> nonas martii, luna* XII, *anno sexto princi-
> patus ejusdem Salomonis in Britannia.*

L'expression peu usitée *secundo nonas martii*
correspond à *pridie nonas,* et indique le 6 mars,
12e jour de la lune *luna* XII; par conséquent, la
lune sera nouvelle le 25 du même mois; et si
du 31 mars on retranche la nouvelle lune 25,
on obtient l'épacte VI. Mais pour ramener cette
épacte à l'ordre naturel, j'en retranche 8, après
lui avoir ajouté un mois lunaire de 30 jours :
36—8=28 épacte de l'ordre naturel.

Ainsi l'épacte de l'année cherchée est XXVIII.

Or, Salomon a régné en Bretagne entre les
années 850 et 870. L'épacte XXVIII convient à
une seule de ces années, à l'année 863.

Il est facile de s'assurer qu'en 863 le 6 mars
tombait un samedi, ainsi qu'il est dit dans la
charte. Cherchons le 1er janvier.

$$863 - 1 = 862$$
$$^1/_4 \ . \ . \ . \ . \ 215$$

$$\overline{1077} \ \Big| \ \frac{7}{153 + 6}$$

$$6 - 1 = 5 \text{ vendredi.}$$

Au jour cherché. . .   6 mars

Ajoutez 1er janvier. . .   5

formule du mois. . . .   2

$$\overline{13 = 7 + 6 = \text{samedi.}}$$

Cette charte est donc du samedi 6 mars 863; et elle montre que le règne de Salomon en Bretagne a commencé en 858.

Ainsi sont fixés par la nouvelle méthode l'année, le mois et le jour de certaines chartes datées d'une manière si vague, qu'il n'est point possible, si l'on en croit les Bénédictins, d'en marquer le temps au juste sans le secours des tables chronologiques et des calendriers lunaire et solaire, ou *sans une connaissance équivalente qui ne se trouve dans aucun livre ni ancien, ni moderne.*

Nous pouvons donc répéter maintenant ce que

nous disions dans notre introduction : « Cette méthode substitue un calcul facile aux complications de l'emploi simultané des tables chronologiques et des calendriers lunaire, solaire, perpétuel : elle contrôle les résultats fournis par les tables qu'on a dressées jusqu'à ce jour ; elle dispense même d'y recourir. »

NOTES.

NOTE 1.

Rien n'est plus variable que le commencement de l'année civile, au moyen-âge. On peut cependant dire qu'en France, sous les Mérovingiens, l'usage général le fixait au 1er mars (de 450 à 700); sous les Carlovingiens, au jour de Noël (de 700 à 1,000); et, sous les Capétiens, au jour de Pâques (de 1,000 à 1,570).

Quand l'année commençait à Pâques, du 22 mars au 25 avril, limites pascales, on ajoutait *devant* ou *après Pâques*. Ainsi, aux mois de janvier et de février 1540, on comptait toujours l'année 1539. C'est une remarque qu'il ne faut point oublier, quand on lit les historiens du temps.

Enfin, Charles IX ordonna, en 1564, que l'année civile commencerait, à l'avenir, au 1er janvier. Le Parlement n'a compté du 1er janvier qu'en 1567, et alors l'année 1566 eut seulement 8 mois et 17 jours, depuis le 14 avril, jour de Pâques, jusqu'au 31 décembre.

NOTE 2.

Calcul pour trouver la série séculaire, ou les nombres
17 , 13 , 9 , 5.

« Je cherchais à avoir, pour chaque siècle, une année de
point de départ, qui vint immédiatement après une bissextile , et dont le 1er janvier fut un dimanche.

Or , je remarquai que le 1er janvier de l'ère vulgaire était
un samedi = 6 , et que cette année était la première des
années communes , et enfin que , d'après le cycle solaire ,
les mêmes jours de la semaine reviennent tous les 28 ans.

Alors 28 fois 58 qui = 1624 , étant ajoutés à l'an 1er de
l'ère vulgaire , donneront l'année 1625 , dont le 1er janvier
était un samedi, et aussi la première des années communes,
le tout suivant le calendrier Julien. Mais , pour rapporter
ce jour au calendrier Grégorien , il faut retrancher dix
jours = 7 + 3 , qui sont la différence à cette époque entre
les deux calendriers. Donc , du samedi 6 retranchez 3 , il
restera 3 , qui indique que le 1er janvier de l'an 1625 , dans
le calendrier Grégorien , a été un mercredi = 3 , et aussi
la première année commune.

Mais c'est un dimanche que je désire avoir pour la première année commune , et non un mercredi. Or , je remarque que la première année commune revient de 4 ans
en 4 ans , et que , si l'on ajoute une période de 4 ans , on
avancera de 5 jours ; car , au nombre 4 , il faut ajouter le

bissexte ou le 1/4, ce qui donne 5. C'est donc de 5 jours que le quantième de la semaine avance par chaque période de 4 ans. Comme le 1er janvier de 1625 est un mercredi = 3, ainsi que nous l'avons trouvé ci-dessus, il faut lui ajouter un nombre de périodes de 4 ans, qui, avec les bissextes fassent un multiple de 7 = 0, qui donne des dimanches. Il n'est pas difficile alors de voir que c'est le nombre 25 qui, avec le chiffre 3 = mercredi donne 28 multiple de 7. Mais ce nombre 25 contient les bissextes ou les 1/4 des périodes de 4 ans. Retranchons-en donc le 1/5e qui est 5, et il restera 20, nombre juste de 5 périodes de 4 ans. D'ailleurs 25 = le multiple de 7 = 21 + 4. Donc, si au jour de l'an = mercredi = 3, on ajoute 4, on aura 7 = 0, ce que l'on cherchait.

D'après cette explication, un peu longue à la vérité, mais nécessaire, à l'année dont il est question 1625
ajoutez cinq périodes de 4 ans. 20
_____

       Il viendra. . . 1645 dont le 1er janvier est un dimanche = 0, et est en même temps la première des années communes.

  Maintenant je retranche de. . . 1645
  Le cycle solaire (une fois) . . . 28
_____

       Restera. . 1617 dont le 1er janvier est aussi dimanche = 0, et aussi première année commune, mais dont le chiffre 17 est inférieur à 28, ce que je voulais. Alors ce chiffre est le premier nombre de ma série séculaire ; il sert pour le XVIIe siècle , premier siècle de la réforme Grégorienne.

Maintenant , pour passer au XVIIIe siècle , ou mieux, pour trouver le 2e nombre de la série séculaire , il faut ajouter 112 à l'année 1617, parce que $(28) (4) = 112 = 100 + 12$. Donc $1617 + 112 = 1729$, dont le 1er janvier devrait être aussi un dimanche $= 0 = 7$. Mais , comme d'après la réforme Grégorienne, on doit supprimer le bissexte de 1700, il faut donc retrancher 1 du dimanche $= 7$, ce qui fait que le 1er janvier de l'année 1729 a été un samedi $= 6$, et en même temps la première année commune. Mais , ce que l'on veut, c'est que la première année commune soit un dimanche $= 0$; il faut donc avancer d'un jour , et pour cela , ajouter à l'année 1729 trois fois la période de 4 ans ,

qui est   12

Plus le 1/4   3

Total. . .   15

Multiples de 7. .   14

Reste. . .   1   ce que l'on cherche.

Donc à l'année. 1729

Ajoutez 3 périodes de 4 ans. .   12

Et l'on obtient .   1741   dont le 1er janvier est un dimanche $= 0$, et est aussi la première des trois années communes.

Maintenant, pour arriver au plus petit nombre possible,

afin qu'il serve pour tout le siècle , je retranche le cycle solaire 28 , et l'on a 1713 , chiffre inférieur à 28 ; ce qui donne 13 pour le *deuxième nombre* de la *série séculaire* , et pour le XVIIIe siècle.

On pourrait faire le même raisonnement et le même calcul pour trouver le troisième nombre de la série séculaire propre au XIXe siècle. Mais il y a une opération plus simple. Je remarque que 13 (2e nombre) = 17 (1er nombre) — 4. Donc , par analogie , le 3e nombre sera 13 — 4 = 9 , et alors pour le XIXe siècle on aura 1809.

De même pour le XXe siècle , on aura le 4e *nombre* de la série séculaire 9 — 4 = 5, et alors 1905 sera l'année de départ pour le XXe siècle.

En suivant toujours le même raisonnement , il faudrait pour le XXIe siècle ajouter 112 au chiffre du XXe siècle ; mais comme le bissexte de l'an 2000 n'est point supprimé , les soustractions et additions des périodes de 4 ans , dont il a été question plus haut , seront inutiles , puisque tous les 28 ans les mêmes jours de la semaine reviennent.

Il faut donc simplement au chiffre du XXe siècle 1905 ajouter 4 fois 28 qui donne. 112

et l'on aura. . . . . 2017 qui sera pour le XXIe siècle ; et l'on voit que la série séculaire recommence , comme les années bissextiles du calendrier Grégorien. Ainsi les nombres 17 , 13 , 9 , 5 , peuvent servir pour tous les siècles à venir, jusqu'à ce que l'on modifie la règle prescrite par Grégoire XIII.

5*

Ces quatre nombres ont cela de commode, qu'on les retient facilement, puisqu'ils ne sont autres que les quatre chiffres 4, 8, 12, 16, multiples de 4 auxquels on ajoute une unité; et qu'alors, sans écrire et de mémoire, on peut facilement trouver le 1er janvier d'une année Grégorienne quelconque dans le passé et dans l'avenir. Alors, connaissant le 1er janvier, on trouve très-aisément au moyen de la formule des mois, à quel jour de la semaine répond le quantième de tous les mois, ce qui est souvent très-nécessaire en voyage, et aussi pour vérifier des dates anciennes dont on aurait quelques doutes, soit pour l'année, soit pour le mois. » (DeClosets.)

NOTE 3.

Ce motif de ne point célébrer Pâques le même jour que les Juifs peut sembler étonnant; il est facile de s'en rendre compte, lorsqu'on voit, en 1774, le ministre du roi de Prusse demander à la diète de Ratisbonne que les protestants célèbrent leur Pâques le même jour que les catholiques romains, à cause des troubles qui seraient survenus, si cette fête s'était rencontrée avec le jour des azymes des Juifs. La diète, frappée de cette considération, décida qu'on se conformerait dorénavant au calendrier Grégorien pour fixer le jour de Pâques. On devait redouter bien davantage encore les dangers de cette coïncidence au moyen-âge et dans les premiers siècles de l'Église. Voyez la dissertation

des Bénédictins, sur les dates des chartes et des diplômes,
p. XXXIII.

NOTE 4.

Cette décision du concile a été toujours suivie par les
orthodoxes, et c'est pour calculer le dimanche après la
pleine lune pascale que fut établi le comput ecclésiastique.

On va expliquer le mécanisme de ce comput. D'abord il
est aisé de voir que les limites pascales sont le 22 mars et
le 25 avril, parce que si le 14e jour de la lune tombe le 21
mars, jour même de l'équinoxe, et que ce jour soit un samedi, Pâques sera le lendemain dimanche 22 mars. Si, au
contraire, le 14e jour de la lune ne tombe que le 20 mars,
la veille de l'équinoxe, ce ne peut être cette lune qui serve
à trouver le jour de Pâques, puisqu'elle est pleine avant
l'équinoxe. Il faut alors au 20 mars ajouter la lune d'avril
qui est de 29 jours, et on arrivera au 18 avril; mais si le
18 avril est un dimanche, Pâques sera le dimanche suivant,
par conséquent le 25 avril.

Il faut donc pour connaître le jour de Pâques, trouver à
quel quantième du mois de mars ou d'avril sera le dimanche
qui suit la pleine lune pascale, ou le 14e jour de cette lune.
Or, pour cela, il faut connaître le 1er jour de janvier, parce
que tous les jours des autres mois de l'année dépendent de
ce premier jour de l'an; il faut ensuite connaître l'épacte ou
l'âge de la lune en ce premier janvier de l'année demandée.

La détermination de la fête de Pâques , conformément à la décision du concile de Nicée, donna lieu à plusieurs méthodes pour en fixer précisément le jour. Ce concile avait approuvé et adopté le cycle de 95 ans de l'église d'Alexandrie , qui avait été établi vers l'an 277 , par Anatole, alors évêque de Laodicée, en Syrie, et dont il nous reste un traité *sur le temps de célébrer Pâques*. L'église d'Alexandrie était une des plus anciennes et il y avait lieu d'en adopter les usages et les traditions ; car elle vénérait Saint-Marc , disciple de Saint-Pierre, comme son fondateur et son premier évêque. Le cycle d'Alexandrie était lunaire de 19 ans : sept années de ce cycle comptaient treize mois lunaires, et les douze autres années douze mois lunaires. Il avait été proposé dans le concile par le savant Athanase qui y assistait comme diacre d'Alexandre , évêque d'Alexandrie , et auquel il succéda en 326. Cependant les Romains continuèrent à suivre le cycle de 84 ans ou 3 fois 28 , qui était emprunté des Juifs , et que soutint Saint-Prosper au commencement du ve siècle. Dans ce cycle on faisait sauter la lune tous les douze ans. Quelques églises préféraient le cycle de Saint-Cyrille , qui était de 95 ans ou 5 fois 19, variation du cycle d'Alexandrie. Les cycles de 100 ans et de 112 ans ou 4 fois 28 étaient aussi employés dans plusieurs pays. Citons enfin le cycle de Denys-le-Petit , composé de 532 ans ou 28 fois 19, qui fut en usage depuis la moitié du vi^e siècle jusqu'à l'époque de la réforme Grégorienne. La 1re année de ce cycle répondait à la 3e année du cycle lu-

naire d'Alexandrie , et commençait à l'année 532 de l'ère
vulgaire. Au moyen de ce cycle , il suffisait de calculer les
Pâques pour 532 ans, parce qu'alors ils se retrouvaient aux
mêmes jours et dans le même ordre. Mais ce cycle offrait
plusieurs imperfections ; et , au XVIe siècle , les lunes ne
cadraient plus avec l'ordre établi par le concile de Nicée ,
que l'on voulait maintenir. C'est ce qui amena la réforme
Grégorienne, et la règle adoptée depuis 1582.

NOTE 5.

Pâques étant le pivôt sur lequel tournent toutes les fêtes
mobiles , rien n'est plus facile que de trouver ensuite leur
place dans le calendrier. Ainsi le dimanche de la Passion
précède de deux semaines la fête de Pâques , le dimanche
de la Quasimodo vient une semaine après. L'Ascension est
toujours un jeudi , le 40e jour après Pâques ; la Pentecôte
le 50e et toujours un dimanche ; la Fête-Dieu le 60e et toujours un jeudi ; le dimanche gras précède Pâques de sept
semaines , etc.

L'Assomption , la Toussaint et Noël ont leur place fixe
dans le calendrier , le 15 août, le 1er novembre et le 25 décembre.

Ceux qui se sont occupés des anciennes chartes savent
que la fête de Pâques était la seule chose assez bien fixée
au moyen-âge. A partir de Constantin, la détermination de

cette fête est le point le plus important de la chronologie de toutes les nations chrétiennes.

NOTE 6.

Nous lisons dans la chronologie épiscopale de Rennes, à propos de François Lachiver, 70ᵉ évêque de cette ville : *Obiit ann.* 1619 *feria* 6, 22 *februarii.* Ces trois notes s'accordent entre elles ; car le 22 février en 1619 tombe bien un vendredi, 6ᵉ férie. Mais on n'est point toujours aussi heureux dans la vérification des dates de la *Gallia christiana.* Une charte de donation faite par Ponce, évêque de Marseille, aux religieuses de Saint-Sauveur, est ainsi datée : *Anno ab incarnatione Domini* 1072, *indict.* 4, *epacta* 9, 7 *idus januarii, luna* 23, *regnante Christo.* Ces indications sont fausses et non concordantes. Il ne faut pas accepter de confiance les notes chronologiques de la *Gallia christiana.*

NOTE 7.

Pour retrouver le quantième des calendes, il suffit d'ajouter 2 au nombre de jours qui reste du mois, soustraction faite du jour cherché. Ainsi pour le 28 décembre, du 31 de ce mois ôtez 28, il reste 3, auquel on ajoute 2, et l'on a le v des calendes de janvier. Par une opération inverse on arrive du jour des calendes au jour du mois.

TABLE ALPHABÉTIQUE.

OUVRAGE DU MÊME AUTEUR.

———

ÉTUDES SUR SYMMAQUE, ou *Recherches biographiques et chronologiques sur la seconde moitié du* IVe *siècle*, par E. MORIN, 1 vol. in-8º. — Paris, 1847. — Chez DESOBRY, MADELEINE et C.ie, libraires, rue des Maçons-Sorbonne, 1.